PARADE OF LIFE

ПАРАД ЖИЗНИ

Poems in English and Russian

by

Adolf Shvedchikov
АДОЛЬФ ШВЕДЧИКОВ

Editor: Michael M. Dediu
United States of America

DERC Publishing House
Tewksbury (Boston), Massachusetts, U. S. A.

2 **PARADE OF LIFE**

Copyright ©2013 by Adolf P. Shvedchikov

Published and printed in the
United States of America

Library of Congress Cataloging in Publication Data

Shvedchikov, Adolf

PARADE OF LIFE
Poems in English and Russian

ISBN-9780981730097
ISBN-0981730094

1-907608751

EDITOR'S NOTE

After numerous intellectual recognitions of the first six books of poetry "I am an eternal child of spring", "Life's Enigma", "Everyone wants to be HAPPY", "My Life, My Love", "I am the gardener of love", and "Amaretta di Saronno", followed by an acclaimed seventh prose book "A Russian rediscovers America", it is a great pleasure to introduce this irresistible eighth book of poetry, written by the esteemed poet Adolf P. Shvedchikov, who was nominated for the 2013 Nobel Prize in Literature.

This book is based on Dr. Shvedchikov's collection of poems, and on their translations in Russian.

The book is divided in four chapters, and each poem in English is followed by its Russian version.

I want to thank my wife Sophia for her continuous efforts in coordinating the editing of this book.

This new metaphorical poetry book, which gives a new poetic image of the world and of its mysteries, with a language which is often allusive, gentle, pastoral, tender and philosophical, will have, together with the first seven books, an idiosyncratic place in the English and Russian literary environment.

Michael M. Dediu
U. S. A.

4 PARADE OF LIFE

ACKNOWLEDGEMENTS

I am very thankful to Dr. Michael M. Dediu, and to the Founder of "Friends Assisting Friends" Foundation Barbara DeKovner-Mayer and to Godfrey Harris, President of "Harris/Ragan Management Group" (U.S.A.) for their assistance and advice in producing of this book.

Adolf P. Shvedchikov, PhD, LittD

6 **PARADE OF LIFE**

Chapter 1. HARMONY

HARMONY OF MOTHER-NATURE

I glorify you, Mother-Nature!
I bow to your sacred altar
And sing praises to the pink dawns.
I glorify the grass, the sun, the waters,
And the mystery of the ocean depths.
I swear I'll extol always your freedom!
I am ready to embrace the sky, and soar like an eagle.
I don't care about years which have passed away.
Let me praise you, mountains, hills, and forests!
Let all living beings sing this hymn to Mother-Nature!
I am your loving son, I am the part of you!

КАК ГАРМОНИЧНА ТЫ, ПРИРОДА!

Как гармонична ты, Природа!
Склонясь к святому алтарю,
Я славлю алую зарю,
Разлившуюся по небосводу.
Я славлю травы, солнце, воды
И таинство морских глубин,
Клянусь, что буду до седин
Вновь воспевать твою свободу!
Как хочется, небесные своды,
Раскинув руки, вас объять,
Орлом мне хочется летать,
Отбросив тяжкую колоду,
Не замечать, как мчатся годы…
Холмы, равнины, горы, лес,
Земные недра, ширь небес,
Вам вечную слагаю оду!
Пусть всё живое, все народы
Поют тебе заздравную песнь,
Я сын твой, я живой, я есть,
Частица я твоя, Природа!

BEING

My path was hard and long. For many years
I sloshed through the mud under the endless rain.
Being tired I have continued to walk.
I tried to change this dreary world,
I have woven the enchanting wreaths of my imagination.
I thought that only crazy dreams could save the gray life.

БЫТИЕ

Шёл трудным я своим путём,
Была моя дорога длинной,
День изо дня месил я глину
Под нескончаемым дождём.
Но я всё продолжал идти
И воздух бытия вдыхая,
Гармонии мир постигая,
Венки волшебные плести
Не уставал я, собирая
Цветы, чтоб серый мир спасти!

THE POET HAS A SPECIAL BLESSED GIFT

The poet has a special blessed gift, a different vision.
His poems are ready to take in the thunderstorms and violence!
He can bridle easily any wild mustang!
He can reflect all hues of sensuality and pain
In a capricious rhythm of Argentinean tango.
Only a poet may describe the passion of a stormy fire of love!
He is an omniscient genius
Who has a special gift of an eternal harmony!

ПОЭТУ ДАН ОСОБЫЙ БОЖИЙ ДАР

Поэту дан особый божий дар,
Он видит мир как в первый день творенья,
И каждое его стихотворенье
Вобрать готово вновь в резервуар
Все проливные летние дожди
С громами и безумною грозою,
В нём всё бурлит, волнуется, покоя
Поверь, читатель, больше ты не жди!
Отваги полн, готов он обуздать
Любого непокорного мустанга,
Способен он в капризном ритме танго
Всю чувственность и страстность передать.
Любви мятежной яростный пожар
Один поэт лишь описать сумеет,
Всевластный гений, мир пред ним бледнеет,
Гармонии ему отпущен дар!

MY BELOVED EARTH

My beloved earth, I am your loving son,
I bend my head before you,
I am sleeping in your tender embraces,
I do not feel that I am alone.
My hair is grey but I still feel your motherly hands
Which protect me when comes hard time.
I breathe your spring's scent,
I am pleased by your hot summer,
I like to walk under your rainy, autumn sky,
I don't fear your chilly, winter winds.
Oh, my beloved land!
You are a permanent source of my delight,
You give me new strengths,
Your harmony is more important
Than all prestigious awards!

ЗЕМЛЯ РОДИМАЯ

Земля родимая, я любящий твой сын,
Перед тобою голову склоняю,
В твоих объятиях нежных засыпаю
И чувствую, что здесь я не один.
Уж дожил до почтеннейших седин,
А матери любовь не убывает,
В твоих руках заботливых я таю
И выживаю в час лихих годин.
Вдыхаю твой весенний аромат,
С улыбкой лето жаркое встречаю,
Осенним днём под дождиком гуляю,
Мне по сердцу зимы суровой хлад!
Земля родимая, источник всех услад,
Небесное с земным ты сочетаешь,
Корнями ты давно меня питаешь,
Твоя гармония превыше всех наград!

YOU FOUND A MOMENT OF JOY

Joy is coming like a summer day,
And it doesn't matter how sad you were,
The sunbeams irradiate your soul.
The blissful light destroys all your pains.
God blesses and renews you again.
And you cannot imagine
Why you were so unhappy and sad.
Now you are like a deep river,
All the fuss of life is forgotten,
You found a moment of joy at last!

И РАДОСТИ ТЫ ОБРЕТАЕШЬ МИГ

Однажды радость вновь к тебе придёт,
И как бы ни была юдоль земная
Тяжка, наступит в твоей жизни поворот.
Вновь в небе солнце ярко засверкает!
И боли застаревшие пласты
Разрушатся несущимся потоком,
Блаженный миг, опять проснулся ты,
Мир засиял, и прозревает око!
Не понимаешь, как могла тоска
Так долго душу содержать в неволе.
Как полноводна радости река,
Как, упиваясь светом, дышит поле!
Уходит страх, последняя черта,
И радости последнее мгновенье.
Забыта вся земная суета,
Обретено душевное спасенье…

GIVE ME THE CHANCE TO DRINK WINE OF THE UNIVERSE

Oh, Earth, your son came back,
Let me embrace your expanses,
Let me hear again the songs of the winds
Blowing along the fields.
Give me the fresh kisses of your spring,
Let me breathe the scent of flowers,
Let me take shelter inside of oak forests
Hearing again the nightingale's trills.
Oh, my unpredictable changeable world
With charming night's silence,
Let me stay here alone
Looking at the full lustrous moon.
Give me wine of the Universe to drink,
I am ready to pay for Harmony like King!

ДАЙ НАСЛАДИТЬСЯ ХМЕЛЕМ МИРОЗДАНЬЯ

Земля, вернулся я, теперь с тобой един,
Дай мне обнять родимые просторы,
Дай тайные подслушать разговоры
Твоих ветров, летящих средь равнин.
Весенний поцелуй мне подари,
Пусть нежным ароматом дышат травы,
Пусть зазывают шумные дубравы,
Пусть соловьи поют в них до зари!
Непредсказуемый, меняющийся мир
С чарующею тишиной ночною,
Давай в гармонии останемся с тобою,
Закатим на двоих свой звёздный пир!
Пусть полная любовница – луна,
Льёт ясный свет, пускай меня ласкает,
Серебряною нитью обвивая,
Все ночи будет пусть обнажена!
Не нужно мне пьянящего вина,
Дай насладиться мирозданья хмелем,
Ты пригласи меня в свой царский терем,
По-королевски заплачу сполна!

A LIGHT SADNESS

When you read these lines don't be bored.
Life will give to you other lessons.
Therefore throw away the old rags and enjoy!
Feel the flow of harmony.
I weaved this carpet from my sadness.
I prepared honey for you from an old beehive.
Drink my experience of life,
Perhaps it will help you to start live anew.

СВЕТЛАЯ ПЕЧАЛЬ

Когда прочтёшь, мой друг, ты эти строки,
То не впадай в унынье и хандру,
Жизнь всё рассудит, рано поутру
Начнёшь уже другие брать уроки.
Тебе простор откроется широкий,
Ты будешь солнцу утреннему рад,
Побитый молью выброси халат,
Гармонии текут в тебе пусть токи!
Дай бог, чтобы не поджимали сроки,
Я из печалей здесь ковёр соткал,
Из старых ульев мёд густой собрал,
Пускай забродят новой жизни соки!

THE NIGHT ARRIVES

The rain drums on the roof, eating time.
It is good that the moon is hiding.
Waves of eternity are slowly running,
And life is full of Nature's pitter-patter.
Our arms become entwined,
And we soared among the mute space.
When we went down
To the earth, it was after midnight.
The Universe spread its wings,
And gave them to us.
There was nothing forbidden, no rules.
Only Harmony was our governor.
We laughed and loved each other!

ПРИХОДИТ НОЧЬ

Дождь стучит, мгновения съедая,
Хорошо, что спряталась луна.
Волны вечности тихонько набегают,
И *тик-таком* мерным жизнь полна.
Наши руки воедино слились,
Мы плывём среди безмолвных вод,
И вселенная, свои раскинув крылья,
По тропе гармонии ведёт…

BEAUTY

Beauty is meek and gentle.
Beauty likes those who understand her.
The forms of beauty are so changeable:
The wind blows tenderly,
And the wave touches softly.
Beauty is at once poetic.
Every time it is ready to surprise you!
Beauty is a combination
Of sharp eye with precise word,
A mixture of harmony and heaven's silence!

КРАСОТА

Красота и кротка, и нежна,
Красота поражает, бесспорно,
Красоты столь изменчивы формы –
Веет ветер, играет волна!
Красота поэтична, она
Каждый раз удивлять вас готова,
Острый глаз в сочетаньи со словом –
Крик восторга, небес тишина…

YOU'LL FIND BEAUTY EVERYWHERE IF YOU CAN SEE

You'll find beauty everywhere if you can see.
Stay for a moment and look around,
Watch the sunrise, lie on the ground,
Hear the breakers' sound of violent sea!
Look at the flowers or a singing bird,
What an eloquent rhapsody of peace!
Go deeply into every charming piece,
The world is full of beauty, in a word!

СМОТРИ, ПОВСЮДУ КРАСОТА СВЕРКАЕТ

Смотри, повсюду красота сверкает,
Остановись, лишь стоит осмотреться,
На солнышко не можешь наглядеться,
А как волна морская набегает!
Цветут цветы, щебечут мирно птицы,
Над миром величаво льётся песня,
Ну что на свете может быть чудесней,
Гармония! Ты будешь вечно сниться!

OH, LET YOUR SOUL SING HARMONIOUS SONG

Oh, let your soul sing harmonious song.
Turn over a yellow page of time,
And watch how solemnly your song will climb
Into high heaven, melodious and strong.
I know that your song will live too long,
Bringing to people gladness, mirth and joy.
My wondrous soul, be happy and enjoy,
When your congenial song will be raised to the throne!

ПРОПОЙ, ДУША, ГАРМОНИИ ТЫ ПЕСНЮ

Пропой, душа, гармонии ты песню
И времени переверни страницу,
Пускай мотив твой в будущее мчится,
Верь, в мире нет мелодии чудесней!
Я знаю, каждый будет поражён,
Все станут подпевать, не уставая,
Душа моя, будь счастлива, мечтая,
Дай время, возведут и нас на трон!

PAINT YOUR LIFE A LITTLE MORE COLORFUL

Paint your life a little more colorful,
Put on your canvas more green,
Let your landscape appear serene,
Life, by the way, is beautiful!
Please do not paint too much gray:
Gray trees under modern gray towers,
Don't be afraid to paint more flowers,
And shed light on your gloomy day!

ПОПРОБУЙ ЖИЗНЬ СВОЮ ТЫ ЧУТОЧКУ УКРАСИТЬ

В жизнь свою вноси побольше краски,
Для холста ты зелень не жалей,
И пиши пейзаж повеселей,
Ведь реальность лучше всякой сказки!
Навсегда забудь про серый цвет,
Не любуйся серыми домами,
Украшая полотно цветами,
Передай живой природы свет!

FORGET ABOUT SADNESS

Forget about sadness, life is in blossom,
It is full of joyful, cheerful sunny days,
Oh, let me kiss your ample lovely bosom,
Lo! My beloved, it's fragrant, balmy May!
I'm not nocturnal marsupial opossum,
I like mad wind and quivering sunlight,
Oh, let me touch you, bosom-upon-bosom,
And let us glide like a Chinese kite!

ЗАБУДЕМ О ПЕЧАЛИ

Вся жизнь в цвету, забудем о печали,
Смотри, как засверкали майские дни,
Ты приласкай меня и обними,
Что сделать мне, чтобы мы ближе стали?
Опоссумом быть не хочу в ночи,
Давай с тобой любви запустим змея,
Взовьёмя ввысь, от радости немея,
И от восторга разом закричим!

MY REDEMPTION IS RELIABLE RHYME

Sweet flowers of lovely spring,
How brief is your fragrant day.
I'm trying to grasp time's wing,
But it is slipping forever away.
Who am I, Eternity's dust,
Tiny morsel of God's clay?
I don't know the answer, alas!
But I can not bring back *this May.*
Oh, I hate the prison of time,
I don't want to use a right to die.
My redemption is reliable rhyme
Which helps me to survive and fly.

В СВОИХ СТИХАХ Я ОТЫЩУ СПАСЕНЬЕ

Цветы весенние, как быстро жизнь прошла,
Ваш день угас, бутоны увядают,
Хочу коснуться времени крыла,
Но птица-недотрога улетает…
Кто я, вселенной малая частица,
Кусочек глины, обронённый Богом?
День майский никогда не повторится,
Назад не побежит моя дорога…
У времени рабом быть в заточеньи?
Нет, не по мне свобода умиранья,
В стихах своих я отыщу спасенье,
Кирпичиком оставшись мирозданья.

BEAUTY IS EPHEMERAL

Beauty is ephemeral and changeable.
Very often I am close to overtaking her,
But she runs away like playful child.
The wind runs and everything changes.
Instead of sunbeams shadows appear.
Beauty, you were a dream to many generations!
Life is wonderful, for sure,
The pictures of this kaleidoscope are attractive!
Oh, beauty! You are an accord of inspiration
You are the face of the *Virgin Mary*!

КРАСОТА ЭФЕМЕРНА

Красота эфемерна, она ускользает,
Я за нею гонюсь и почти настигаю,
Но игриво она от меня убегает,
В прятки с ней, как ребёнок, играю.
Ветерок налетел, всё вокруг изменилось,
Где луч солнца сиял, заметалися тени…
Красота неземная, как многим ты снилась
И в экстаз приводила ты сонм поколений.
О, как сладостно каждое жизни мгновенье,
Калейдоскопа картинки так сочны!
Мир красоты, аккорд озаренья,
Девы Марии ты лик непорочный!

THE ENIGMA OF A NAKED BODY

For a long time many artists tried
To solve the enigma of a naked body,
To find the special details bewitching their eyes,
To go through the spectrum of nuances
Within the gentle skin
And sparks of snow-white alabaster.
You are ready to sit down
And start to describe that miracle.
Let's divide all the details,
Let's collect all parts again...
Alas, this is wrong way!
You cannot use algebra to describe
The harmony of naked body.
Let me feel it in my heart.
Let me run like the bountiful rain,
To drink the nectar of love!
I am happy, and let the ignoramus
Writes so-called clever treaties about naked beauty,
While people walking in museums
Look at dead naked bodies...

ЗАГАДОЧНА НАТУРА ОБНАЖЁННОЙ

Загадочна натура обнажённой.
Столетьями художники искали,
Что главное в ней, на какой детали
Глаз замирает, весь заворожённый!
Перебирая спектр весь огромный
Полутонов, оттенков кожи нежной,
На отблеск алебастра глядя снежный,
Готов засесть за труд ты многотомный.
Трудись и разложи скорей по полкам,
Всё расчлени, сложи всё воедино…
Сизифов труд! Бумагами корзина
Полным полна, да что-то мало толку!
Как алгеброю к плоти прикоснуться,
Где отыскать нам формулу фиалки?
Сними колпак нелепый, умник жалкий,
Дай шанс мне с обнажённою проснуться!
Дай испытать блаженства миг украдкой,
Дождям любви скорее дай пролиться,
Дай мне возможность райским сном забыться
Дай испытать гармонии миг сладкий!
Я счастлив, ну а червь тот книжный
Пусть трудится, пускай всё вычисляет,
В музее посетитель пусть зевает,
Где обнажённая застыла неподвижно…

YOUR CALL WAS HEAVENLY MANNA

My life was heavy and empty.
Your call was heavenly manna,
Rare gift for my rebirth.
I hear your inspirational voice
And I feel again that cactus
In the desert becomes green,
The daisies smile as before,
And carousels are full of laughing children.
Dragonflies are soaring over the water,
Herds of cows eat the fresh grass,
And a shepherd plays on his flute.
I feel vibrations of the membrane,
I adore your voice, my love!
Tell me again and again, I cannot bear
To be separated anymore,
Let's forget old insults!

ТВОЙ ЗВОНОК БЫЛ МАННОЮ НЕБЕСНОЙ

Жил я жизнью тяжкою, убогой,
Твой звонок был манною небесной,
Голос твой стал подаяньем бога,
Сделав сразу жизнь мою чудесной!
Кактусы в песках зазеленели,
Распустились на лугах ромашки,
Закружились резво карусели,
Расползлись по листикам букашки!
Разлетелись по прудам стрекозы,
В перелесках птицы вновь запели,
Колокольчиками зазвенели козы,
Пастушки играют на свирели!
Как вокруг всё разом просветлело,
Ни тоски нет больше, ни озноба,
Я своё полуживое тело
Вынимаю медленно из гроба.
Слышу, как вибрирует мембрана,
Трубку я зажал в руке до боли.
Говори! Затянется пусть рана,
На неё не сыпь ты больше соли!

IN TIME MY TURN WILL COME

In time my turn will come
And I will enter another world
Silently without additional fuss.
Oh, my enfeebled body,
You suffered many tortures in this life
But you sang your song.
Alas! Nothing is eternal in this world!
There were a lot of events in my life,
There was a lot of joy and sadness in my life,
Now I choose another path.
The terrestrial expanse gets lost in the fog,
The former sacred objects become darker,
The wind blows among the ruins,
And the same blue firmament is above the earth...

КОГДА-ТО, РАНО ИЛИ ПОЗДНО

Когда-то, рано или поздно,
Наступит и моя пора,
И я, сверяя курс по звёздам,
Уйду тихонько со двора.
Без лишней суеты, спокойно,
Без страха встречу свой конец,
Я в мир иной уйду достойно,
Пора под вечности венец!
Моё дряхлеющее тело,
Ты долго мучилось со мной,
Увы, свою ты песню спело,
Ничто не вечно под луной!
Играл во мне и хмель, и ветер,
Тянулся я к другим телам,
Всё перепробовав на свете,
Иду теперь дорогой в храм!
Туманятся земные дали,
Тускнеет лик былых святынь,
Гуляет ветер средь развалин,
А над землёй всё та же синь…

MORNING DEW

Oh, how wonderful are droplets of the morning dew
Glistering on your eyelashes
Highlighted by the rays of sunshine.
Oh, how immortal is the mystery of beauty!
There is the tender breath of a luxuriant spring
When the butterflies are floating,
The bees are buzzing among fragrant flowers,
And my heart is full of love.
Oh, how harmonious are the rosy dreams of bliss!
How sweet are the lips of my beloved
Under a deep turquoise sky...
But a time will come when the dew will evaporate,
The fire will be on the wane,
And a cold wind will take a breath.

УТРЕННЯЯ РОСА

О, капли утренней росы,
Что на ресницах расцветают,
Их лучик солнца освещает,
Нетленно таинство красы!
Дыханье нежное весны,
Беспечно мотыльки летают,
Жужжит пчела, и сердце тает,
Гармонии блаженны сны!
Губ алых незабвенный мёд,
Да бирюза небес над нами!
Роса спадёт, погаснет пламя,
И вечность холодом дохнёт…

LET THE RAIN OF HARMONY COME!

Let the rain of Harmony come
To quench my thirst for the wilderness!
Let's wild river of dream run
From the heights
Sweeping away everything!
Let my heart beat again violently!
I am ready to drown
In your depths forever!

ПУСТЬ ДОЖДЬ ГАРМОНИИ ПРОЛЬЁТСЯ!

Пусть дождь гармонии прольётся
И утолит пустыни жажду,
Пусть хлынет ливень, пусть однажды
Вновь сердце бешено забьётся!
Пускай мечты несутся реки,
Всё на пути своём сметая,
О, вызов твой я принимаю,
Готов тонуть в тебе навеки!

HOW HARMONIOUS IS A DANCE OF JOY!

How harmonious is a dance of joy!
It seems as a perpetual cascade
Which never stops and never fades,
Have sensual pleasure and enjoy!
Feel the pulsation of thirsty lips,
Your heart beats quickly to and fro,
Oh you are happy with what's in store,
How alluring is the nectar's sips!

О, ТАНЕЦ РАДОСТИ, ТЫ ГАРМОНИЧНЫМ БЫЛ

О, танец радости, ты гармоничным был,
Катился нескончаемым каскадом,
Какая редкая мне выпала награда,
Какие чувства новые открыл!
Как сладки были нежные уста,
Как сердце непрестанно колотилось,
Какое счастье на меня свалилось,
Покорена какая высота!

SOMETIME

Sometime in the future
When other people are living,
Maybe someone will remember about me.
Perhaps they will read my lines,
Breathing a scent of harmony.
Maybe they will look
At the rusty lock from my house
And open the old door of my room.
They will find there a bag
Of half-decayed words
And my soul, withered but still alive!

КОГДА-НИБУДЬ

Когда-нибудь в далёком далеке,
Где будут жить совсем другие люди,
Быть может, кто-то вспомнит о цветке,
Которого давно уже не будет.
Бог даст, прочтут они мою строку,
Гармонии вдыхая ароматы,
Протянут руку к старому замку,
Который дом мой запирал когда-то.
И ржавый отодвинувши засов,
Они заглянут в комнату чужую,
Найдут мешок полуистлевших слов
И душу, высохшую, но ещё живую!

LET OUR DREAMS UNITE

Let our dreams unite.
We will soar together in our dreams.
Let your mouth be like a rose in blossom,
Let harmonious moments continue endlessly!
I am dying to feel your hugs,
Let the merry-go-round move!
I want to drink the honey of your love.
Let a chilly winter be angry,
It cannot conquer a young spring.
How sweet are dreams,
Let's fly together in our fairy tale!

ПУСКАЙ ТВОЙ СОН С МОИМ СОЕДИНИТСЯ

Пускай твой сон с моим соединится,
Летать мы вместе станем в ярких снах,
Пусть расцветают розы на устах,
Гармонии миг длится пусть и длится!
В твои объятья жажду провалиться,
Пусть сказочная кружит карусель,
Пусть с горных круч несётся бурный сель,
Хочу твоей любовью насладиться!
Зима холодная пускай напрасно злится,
Не одолеть ей молодой весны,
Томительные, сладостные сны,
С тобою вальсом будем в них кружиться!

YOU CANNOT STOP THE DAWN APPEARANCE

You cannot stop the dawn appearance,
And time will run forever.
The seasons will change,
And the birds will build nests.
I don't care about changing of seasons
And the color of the sky.
Love has its own rules,
And the Harmony will be eternal.
Love is an enigma,
It is like of invasion of the Huns.
Don't rely on a rescue!

НЕ ОСТАНОВИТЬ ПРИХОД РАССВЕТА

Не остановить приход рассвета,
Бег секунд не приостановить,
За весною наступает лето,
Птицы гнёзда начинают вить.
Ну и пусть меняются сезоны,
Бирюзой сияют небеса,
У любви иные ведь законы,
Где нетленна вечная краса!
Пусть восходят и заходят луны,
Мир Гармонии загадками живёт,
И его нашествие, как гунны,
Когда вас ничто уж не спасёт!

THE POET LOOKS LIKE A MADMAN

The poet looks like a madman.
He invites us to his strange world
Sometimes he does not know exactly real path.
There is no prohibition on his imagination.
At times he is like a prophet among ruins,
Wandering through a wasteland
Illuminating the path by own light!

БЕЗУМЦУ ТЫ, ПОЭТ, СРОДНИ

Безумцу ты, поэт, сродни,
В свой странный мир нас увлекаешь,
Порой и сам уже не знаешь,
Куда уходят жизни дни.
Нет больше для тебя запрета,
Стоишь пророком средь руин,
Бредёшь пустынею один,
Свой путь прокладывая светом!

THE LAST SONG OF LOVE

Crawling along the wet side of a road
Among rotting leaves I cannot reach you
And sing my last song of love.
I am dying, I cannot tell you
My last goodbye and kiss you.
Oh, that cruel war,
How many people you've killed!
I don't want, my beloved, to leave you alone,
I don't want to see the widows again!
But what do tears of widows mean
For monsters of war?
Don't cry, my love, don't mourn,
Your tears cannot raise me from the dead.
Remember only about my last ardent kiss!

ПОСЛЕДНЯЯ ПЕСНЬ ЛЮБВИ

По сырым обочинам дорог,
Листья перепрелые сгребая,
Дотянуться до тебя не смог,
Песнь любви последнюю слагая.
И пока пытался доползти,
Умирал я, стискивая зубы,
Не сказав последнее прости,
Не поцеловавши твои губы.
Губит всех проклятая война,
Сколько ж нас, таких безвестных, пали?
Не хочу, чтоб ты была одна,
Не хочу, родные чтоб страдали.
Но слезам не верит злобный рок,
Косит всех он под одну гребёнку,
Плетью обуха перешибить не смог,
Жизнь оборвалася ниткой тонкой.
Милая, не плачь и не горюй,
Ты меня не воскресишь слезою.
Помни только жаркий поцелуй,
Когда были вместе мы с тобою!

MY HEART SANG AS BEFORE

My heart sang as before.
Sinking in a semi forgotten dream
I had fallen in love as in my youth.
My old body was young again.
I drank the sweet fraud of illusion.
The sun had dropped,
But the sunset glowed yet,
And I was glad to feel
That I was still alive!

СЕРДЦЕ НА СТАРИННЫЙ ЛАД ЗАПЕЛО

Сердце на старинный лад запело.
Погруженн в полузабытый сон,
Я опять, как юности, влюблён,
И мечте я отдаюсь всецело.
Молодеет старческое тело,
Пью иллюзий сладостный обман,
Снова я тобой, как прежде, пьян,
Вновь по жизни я шагаю смело!
Жаль, конечно, солнце уже село,
Но ещё не догорел закат,
И лучу последнему я рад,
Всё ещё душа не отлетела!

I AM A FLUTTERING BIRD SOARING IN THE SKY

I am a fluttering bird soaring in the sky
Bringing to you, an unknown soul,
The emerald ring and a priceless bowl
Filled with my love which is modest and shy.
To be honest, I don't know why
I send to you my yearning song,
I never was an idol of an insatiable throng,
And I never have reached an Olympic High.
I don't want to seduce you or to lie.
I came to you to share honestly my creed,
But I don't know, perhaps, you don't need
To hear my song with a delicate sigh.
You are busy, of course, as everyone is.
We have no more time to hear each other.
You don't want to be my admirable brother...
How quickly you grow, misunderstanding's abyss!

Я В НЕБО ПТИЦЕЮ ВЗЛЕТАЮ

Я в небо птицею взлетаю,
О, ты, неведомая душа,
Твою я чашу наполняю
Своей любовью неспеша.
Кольцо дарю я с изумрудом,
И сам, не ведая зачем,
Алмазов высыпаю груду,
Бери и наслаждайся всем!
Не меценат я благородный,
Не идол я пустой толпы,
Не будь со мною, друг, холодным,
И выслушай меня лишь ты!
Но весь в делах, ты занят вечно,
Пускай послушает другой…
Не ищем мы дороги встречной,
Барьер меж нами роковой!

WAIT!

Who may evaluate
The expanse of your poetical sea,
Who is able to calculate
How far extended are the roots of your tree,
Who ought to manipulate
Your irresistible sense?
You are great poet, wait,
Admirers will burn incense!

ЖДИ!

Кто может оценить,
Где поэтическое море, справа, слева,
Длину корней определить
Не дерева, а поэтического древа?
Способен кто понять
Всю тонкость поэтического чувства?
Жди, станут прославлять,
Когда-то и гармонии искусство!

PORTRAIT

You are the sculptor, the artist and the poet!
Remember how genius is simplicity!
When you feel that your canvas is ready
For eternity than you may paint your portrait.
Take off everything which is too much.
Let your portrait's face become heavenly
Caring the essence of eternal Harmony!

ПОРТРЕТ

Ты – скульптор, ты – художник, ты – поэт,
Пойми, как гениальна простота!
Когда проникнешься бессмертием холста,
Бери кисть в руки и пиши портрет.
Отбрось всё лишнее, как воск, податлив будь,
Тебя пусть не копирует двойник,
Огнём божественным твой заиграет лик,
Святой гармонии ты постигаешь суть!

THIS MOMENT, A TERRESTRIAL RUSTLING

It is everywhere and here,
It is inside of you and me, this moment,
A terrestrial rustling: on the earth,
In the water, in the evening star,
This moment will stay with us forever.
A trembling of leaves, a drop of the rain,
An early spring coming...
You embraced me, you ardently kissed me,
You whispered: I am yours!

ЭТОТ МИГ, ЭТОТ ШОРОХ ЗЕМНОЙ

Он везде и нигде,
Он во мне и в тебе,
Этот миг, этот шорох земной,
На земле, на воде,
И в вечерней звезде,
Он навеки с тобой и со мной.
Лист травы задрожал,
Дождик с неба упал,
И повеяло тёплой весной.
Ты меня обнимал,
Ты меня целовал,
И шептал так мне страстно: я твой!

I DON'T KNOW MY FUTURE

I don't know my future,
But I am not going to return to my past.
It's impossible to cross again
The abyss of my hard years
By use of this rickety footbridge.
I don't want to promise more a prosperity
And smoothed angles.
I know for sure that free cheese
You may find only in mousetrap!
Don't tell me anything else!

НЕ ЗНАЮ, ЧТО НАС ЖДЁТ ТАМ ВПЕРЕДИ

Не знаю, что нас ждёт там впереди,
Но страшен бег назад в воспоминанья,
Там прошлого расплылись очертанья,
Хотя мерцает жар любви в груди.
По хлипкому мостку не перейти
Над пропастью сплошного лихолетья,
Не перешибли обуха мы плетью,
И нет обратно больше нам пути…
По правде, и без срезанных углов
Была жизнь, скажем прямо, не подарок,
Но ведь ничто не достаётся даром,
Быльём всё поросло…Не нужно слов!

LET IT BE!

Let it be! Let the rich man lose
His stolen millions.
Let the poor man stop moaning,
And let a bird fly again in the sky!
Let the ice of silence disappear,
Let the greedy amass their money
For the funeral repast,
Let a little aspen stop trembling,
Let vampires choke drinking our blood.
Let eternity open all the secrets,
Let all haughty men be scorned,
Let the blind man see again,
Let sages find the roots of wisdom!
Let everyone see the blue sky,
Let the worthless stay insignificant.
Maybe you'll tell me that it is impossible,
We have not enough bread to feed everyone,
Perhaps you'll tell me that this is nothing
But the idle fancies of a strange poet...
Let's try, people, step-by-step,
Maybe we can change this world!

ДА БУДЕТ ТАК!

Да будет так! И пусть себе теряет
Богач украденные, было, миллионы,
И пусть бедняк отучится от стона,
И в небе птица вольно пусть летает!
Пусть лёд молчанья по весне растает,
Пусть копит жадный деньги на поминки,
Пусть больше не дрожат в лесу осинки,
Вампиры давятся пусть, нашу кровь глотая.
Гармонии струятся пусть потоки,
Пусть гордецов всех обольют презреньем,
И у слепых откроется пусть зренье,
Пускай отыщут мудрецы истоки!
Для каждого пускай синеет небо,
И пусть ничтожные питаются ничтожным,
Вы скажете, что это невозможно,
И что на всех, увы, не хватит хлеба…
Мне возразят, фантазии всё это,
Досужие поэта заблужденья,
А вы попробуйте, набравшися терпенья,
Перекроить удастся, может, смету!

GENIUS TRANSFORMS HIS ABSURDITY INTO A BRILLIANT IDEA

Ordinary people divide the world
Into the natural and artificial categories.
If someone tries to find his own solution
Of generally-accepted problems,
He will be in trouble very soon,
And everyone will refuse to understand him.
Only a genius has enough power
To alter this situation and transform
His absurdity into a brilliant idea
Usable later by other generations!

ДО БЛЕСКА ГЕНИЙ СВОЙ АБСУРД ДОВОДИТ

С точки зрения обычного человека,
На естественное и искусственное мир поделён,
Других категорий не знает он,
Так, видно, уже повелося от века.
И горе тому, кто своею тропой
Уходит в сторону от общего тракта,
Его раздавит общественный трактор,
Ишь ты какой, вздумал быть сам собой!
Редко, но всё ж появляется гений,
Который до блеска абсурд свой доводит,
И долго легенды о нём ещё ходят,
Он свет проливает на все поколенья!

STRANGE DAYS ARE COMING AT TIMES

Strange days are coming at times
When you do not know exactly
Where your thoughts are fleeting.
You do not shed more tears about the past,
You do not care about the hard burden
And you do not understand
Where your real home is.
You forget about all mundane problems,
You brake your chains, and your soul
Is soaring harmoniously among the stars...

ДНИ НАСТУПАЮТ СТРАННЫЕ ПОРОЙ

Дни наступают странные порой,
Когда уже и сам не понимаешь,
Куда несёт неясных мыслей рой,
В какие ты глубины заплываешь.
Не проливаешь слёзы о былом,
И прежние не тяготят утраты,
Не знаешь, где же истинный твой дом,
Какие лики остаются святы...
Ты о земных проблемах забываешь,
Их отгоняя, словно нудных мух,
Вериги сбросив, в небо ты взлетаешь,
Средь звёзд в гармонии парит твой гордый дух!

LET'S RETURN OUR HOME TO LIFE

Once we abandoned this house,
Looking for another ephemeral planet,
And left everything we had before.
Unfortunately, our tragedy was that
We didn't know the true values of life.
And being sick and tired of sadness
We came back to the doorstep
Of our old house.
It doesn't matter that all the walls
Are covered by cobwebs.
I hope that we will reconstruct
Our old house and will live in harmony!

ДАВАЙ НАШ ДОМ МЫ К ЖИЗНИ ВОЗВРАТИМ

Когда-то мы покинули свой дом
И врозь искать отправились по свету
Другую эфемерную планету,
Оствавив скарб свой времени на слом.
Беда вся заключалась наша в том,
Что истинных мы ценностей не знали,
Насытились по горло мы печалью,
Последний дописали саги том.
К порогу дома старого идём,
Ещё он ждёт, покрытый паутиной,
И нас не одолела жизни тина,
Ещё в гармонии мы с вами поживём!

HAPPY DAY

I would like to know more
About everything, to use this day efficiently,
To breathe new life into my job!
I don't want to hear children cry,
I don't want to remember my sad past.
Frankly speaking I would like
To be happy at least for one day,
Being inspired under the warm sunbeams,
When birds start to build a nest.
Oh, new day, I would like
To be in a good mood,
Make me happy!

СЧАСТЛИВЫЙ ДЕНЬ

Хотелось бы побольше распросить
Мне обо всём, узнать, чтоб поскорее,
Когда же утро дня завечереет,
Чтоб в силу полную успеть ещё пожить,
Дышать свободно, радуясь, любить,
Работать всласть, надеясь на удачу,
Чтоб никогда детей не слышать плача,
И пепел прошлого в душе не ворошить.
Сказать по-честному, хотел бы я побыть
Хотя бы лишь один денёк счастливым,
Когда ты весь живёшь одним порывом,
И солнце продолжает нам светить,
А птицы продолжают гнёзда вить,
Чтоб жизнь не прекращалась на мгновенье,
О, краткий день, пошли мне вдохновенье,
Хотя б глоточек счастья дай испить!

LOVE IS...

You cannot say: love will come afterward.
Love is like a fresh-cut withering rose,
Open your heart and hold it closely,
Love is your joy, your highest reward!
Love is harmony you wish you could hoard,
You fell in love, all your life changed,
Sometimes it's ardent, sometimes it's strange,
You can feel it striking a sensitive chord.
Love is bliss, love is terrible pain,
When your heart is broken, you are ready to die,
Love is torture or a joyous sigh,
Hopefully-recurring refrain!

ЛЮБОВЬ – ЭТО ...

Любовь не поставляют по заказу.
Любовь, как свежесрезанная роза,
Ещё в цвету, но катятся уж слёзы,
То приз, не завоёванный ни разу!
Чтобы любить, гармония нужна,
Стрела амура жизнь всю изменяет,
Поёт душа, а сердце сладко тает,
И по-особому звенит любви струна!
Любовь блаженство, но любовь и боль,
И от неё порою умирая,
Ты благодарен сладким мукам рая,
Любовь – рефрен: пусть царствует король!

AN EXPECTATION

We all are looking for our own star,
For that bright star which is faraway,
We search for a celestial way
To reach that guiding morning-star!
We all accept a sacred love,
Which every soul wants to adore,
Which gives us wings so we may soar,
When everyone is a cooing dove!
The crowning triumph waits for us,
The glory weaves a laurel wreath,
This moment comes soon, hold your breath
And leave forever a nasty fuss!

ОЖИДАНИЕ

Ждём мы все звезду свою заветную,
К ней нестись, увы, так далеко,
Отыскать дорогу нелегко,
Но найдём её, едва приметную!
Мы любовь святую вечно ждём,
Мы воркуем томною голубкой,
О, любовь нетленная так хрупка,
В небеса тебя мы вознесём!
Верим, что успех придёт и к нам,
Будет и у нас венок лавровый,
Путь найдём, моё попомни слово,
Двери отворим своим мечтам!

THE POT OF CLAY

People may think: it isn't a big deal
To make a simple pot of clay,
You need to turn a potter's wheel
And do the same job every day!
I beg your pardon, you cannot say
A pot of clay means nothing, still
For many centuries turns a wheel,
A lot of pots buried, old and gray.
Any chance you will find in sand
The pot of clay with a graceful form,
So perfect that it might perform
Not by the man, but by God's hand!

ГЛИНЯНЫЙ ГОРШОК

Вы скажете, подумаешь, горшок!
Простой горшок, коричневая глина,
Крути гончарный круг лишь непрерывно
Да выполняй свою работу в срок.
Но согласиться б с вами всё ж не смог,
Мне спорить понапрасну не пристало,
В земле осталось черепков немало,
Но погодите, дайте только срок,
Настанет час, отыщется горшок,
Горшок из глины формы совершенной,
Предстанет перед вами он, нетленный,
Лепил его не мастер, а сам Бог!

INSPIRATION

I would like to describe gently
The endless transformations of nature.
I want to glide like a free eagle
In the space of my imagination.
I want to feel a calm current of water,
The swift flight of a swallow
With sparkling blue-black wings.
How to tell about the creation of a poem,
How to describe pearls
Of the willow in *April,*
The languor of a hot summer day
And burning chilly wind?
Only an inspiration
Will give you poetic wings!

ВДОХНОВЕНИЕ

Природы бесконечное движенье
Мазком-другим хочу обрисовать
И птицей вольною пытаюсь я летать
В просторах своего воображенья!
Хочу понять спокойных вод томленье
И ласточки стремительный полёт,
Которая пронзает небосвод,
Сверкая чёрно-синим опереньем.
Как передать канву стиха творенья,
Ив жемчуга развесил чтоб апрель,
Чтоб нежно заиграла акварель
И принесла душе успокоенье!
Хочу, чтоб летний день был полон лени,
Хочу постичь как жгуч и лют мороз,
Почувствовать всю ярость буйных гроз...
Одно поэту нужно – вдохновенье!

BE GENIUS LIKE A CHILD

Be genius like a child who is able to give
His own answer to any question.
His feet are not stable yet but he is close
To nature speaking with flowers.
He is not a genius or unknown prophet
But he accumulates the wisdom
Of all previous generations,
Which will manifest very soon.

БУДЬ ГЕНИАЛЕН КАК РЕБЁНОК

Будь гениален как ребёнок,
Когда, явившися на свет,
Способен он уже с пелёнок
Дать на вопросы свой ответ.
Идя нетвёрдыми шагами,
С природой он уже на ты,
Когда беседует с цветами
С полуметровой высоты.
Ещё неведомый он гений,
Пока непризнанный пророк,
В нём мудрость новых поколений
Проявится, лишь дайте срок!

FACE

Oh my flower, your face is divine!
You are innocent!
I like your peach-tinted cheeks
And long flaxen hair.
You give rise to everything,
You reflect everything in this world!
How I couldn't see before
Your gift to be a brilliant chameleon!

ЛИК

Твой лик – божественный цветок!
Ты непорочна и невинна
Упругость персиковых щёк
И лён волос, упрямых, длинных.
Ты сочетанье всех начал,
Всего земного отраженье,
Как раньше я не замечал
Твой божий дар преображенья!

MOONLIGHT

A dense fog covers the *Black sea*,
A cool wind blows
From the mountains,
Cicadas are still singing.
The tall weeds give off a scent
That calms my soul.
I gaze at the faraway lights
Of a small village...
The moon floats peacefully
Among hazy clouds.
I am sinking slowly enveloped
In this blissful moonlight.
My eyelids are closed,
I am fall asleep,
Nothing disturbs me.
I hear only the constant song of cicadas...

ЛУННЫЙ СВЕТ

Над *Чёрным* морем стелется туман,
Дохнуло с гор осеннею прохладой,
Ещё звенят безумолку цикады
И терпко пахнет дымчатый бурьян.
Я этой тишиной ночною пьян,
Какое для души успокоенье,
Вдали огни мерцают над селеньем,
Ползёт по небу тучек караван...
Меж ними пробивается луна,
Задумчиво повисла над заливом,
Застыла ночь в безмолвии счастливом,
Я мирно отдаюсь объятьям сна.
И рвутся понемногу цепи звенья,
Я погружаюсь в мягкий лунный свет,
Сомкнулись веки, пропадает след,
Лишь слышится цикад ночное пенье...

CRIMEAN SULTRINESS

My memory is torn into pieces...
Let me remember that sultry *Crimea*,
Let me touch the dry clay again.
Do you remember that lavender scent?
Do you remember
How ardently I kissed you?
Oh that hot *Crimean* summer
With white clouds and melted valleys!
Do you still remember
Those days of happiness, my gray hair?

КРЫМСКИЙ ЗНОЙ

Рвётся клочьями память, постой,
Дай мне вспомнить, покуда не сгину
Крымский зной и горячую глину
Дай потрогать озябшей рукой...
Помнишь, как мы когда-то с тобой,
Опьянённые духом лаванды,
Целовались у старой веранды?
Растекался полуденный зной,
В светлом мареве плыли долины,
И ползли облака над землёй...
О, проклятые эти седины,
Что же вы натворили со мной!

MY BELOVED *CRIMEA*

My beloved *Crimea*,
You appear frequently in my dreams.
My soul is devoted to you forever,
I don't know a better place in the world!
I remember every inch of your shore,
I know every one of your roads.
Here, I spent all my youth!
Now in old age I think about you again
Rebuilding in my memory
All those days of happiness.
I would like to be today in your embrace,
My beloved *Crimea*, to feel the summer's heat,
To breathe the scent of wormwood
And white acacias.
Oh, *Crimea*, you are my paradise!
Will I see you once again?

МОЙ ЛЮБИМЫЙ *КРЫМ*

Любимый *Крым*, хранишь ты свой покой,
Тебя я в мыслях часто посещаю,
Душа моя ещё полна тобой,
На свете места лучшего не знаю!
О, берега причудливый излом,
К тебе душа навеки прикипела,
Дороги каждый поворот знаком,
Хмельная юность здесь моя летела!
Теперь к твоим далёким берегам
Несу свои я тихие печали,
Чтоб вновь пройти по стёршимся следам,
О, *Крыма* дни, как много вы мне дали!
Хочу в полынный окунуться зной
И насладиться запахом акаций,
Крым, дух гармонии, далёкий рай земной,
Ужель навек нам суждено расстаться?

LIVADIA

Oh, *Livadia*, I haven't seen you
For such a long time!
You are in blossom again
As in old days,
And the same glittering clouds
Are floating in a luminous sky.
"*The Path of the Tsar*" leads me
Along the *Black sea* coast
As it was fourty years ago.
At times it seems to me
That the traces of my shoes
Still linger in the huge park at *Miskhor*.
I walk around "*Livadiya's Tsar Palace*"
Where the fate of *Europe* was decided
At the famous Conference in *Yalta*
During the *World War II*.
Everything has a beginning and an end,
Everything becomes history.
Only you, *Livadiya*, are still
As young as before.

ЛИВАДИЯ

Ливадия, любимая, прости,
Как долго мы с тобой в разлуке были,
Невеста *Крымская*, всегда тебе цвести!
Пусть облака плывут, как раньше плыли.
И пусть петляет *Царская тропа*,
Как сорок лет назад она петляла,
Следы не стёрлись, и моя стопа
Когда-то здесь, усталая, ступала.
Всё тот же окоём лесистых гор
И море *Чёрное* по-прежнему сверкает,
Русалка и приветливый *Мисхор*
Прохладным парком путника встречает.
Цветут магнолии, *Ливадии* дворец,
Судьба народов здесь в войну решалась...
Всему начало есть, и есть всему конец,
Проходит всё, лишь прежней ты осталась!

EXULTATION

The branch in blossom
Touches me silently,
And my soul is so excited!
Springs comes,
And trees are white and pink again.
I am drunk without wine!
I am full of harmony,
I am graceful cloud
Travelling along the meadows!

ЛИКОВАНИЕ

Устало дремлет тишина,
И ветвь цветущая склонилась.
Как сердце радостно забилось,
Душа гармонии полна!
Неистовствует вновь весна,
Всецело садом завладела,
Все яблони одела белым,
Теперь влюблённым не до сна!
И я пьянею без вина,
Нет до печалей больше дела.
Я светлым облаком взлетела,
Несёт меня любви волна!

CROSSROADS

I was torched many times
By fate at the crossroads.
It poisoned my drink,
It burned my words
But like a *Phoenix* I arose.
Now I wander again
Along an unknown road
And still hope to find
The luxurious palace
Of Harmony!

НА ПЕРЕПУТИИ ДОРОГ

На перепутии дорог
Не раз судьба меня пытала,
Фиал мой ядом наполняла,
Огнём палящим жгла мой слог.
Но птицей *Фениксом* опять
Я восставал из пепла горстки
И вновь, дыша полынью горькой,
Песнь продолжал свою слагать!
С котомкой медленно бреду
По неизведанной дороге,
Стирая в кровь больные ноги,
Ещё надеюсь, что найду
Златой Гармонии чертоги!

BLESSING

Sometimes very special moments happen
Which are difficult to describe by words.
Perhaps this is an inspiration or blessing.
At these moments everything is so easy to do!
You feel the hidden forces of nature.
Suddenly you discover the moment of truth!
You are an important part of this world
And God talks to you!

БОЖЬЯ БЛАГОДАТЬ

Порой находят редкие мгновенья,
Словами тусклыми их трудно передать,
Назвать их можно, скажем, вдохновеньем,
Иль пусть то будет Божья благодать!
В минуты эти всё легко и просто,
Тебе доступен скрытой жизни бег,
Ты ощущаешь, как из точки роста
На древе формируется побег.
И открываются тебе великие тайны,
Нисходит в душу сладостный покой,
Нет, на земле живёшь ты не случайно,
И сам Господь беседует с тобой!

DREAMS

I hang over my dreams
Ready to fly somewhere
And to build my nest.
I don't know yet
What kind of rock I will find,
Where I will float at full speed,
What dew will drop on my face,
To whom will I offer up a prayer?
What kind of fantasies
Will decorate my rare diamond?
Will I finish my thick folio?
If it happens and my grains
Will sprout, how long
Will people sing my songs?
Let the spindel twirl!

МЕЧТЫ

Мечты, мечты, я в них витаю,
Готов полёт свой совершить,
Куда, пока ещё не знаю,
Где мне гнездо придётся свить?
К какой скале мне прилепиться,
Каким послушным быть ветрам,
Какой росой утром умыться,
Каким молиться мне богам?
Каких фантазий многоцветье
Украсит редкий бриллиант,
Закончу ли на этом свете
Писать свой толстый фолиант?
Коль суждено тому свершиться,
Коль прорастёт моё зерно,
Гармония пусть вечно длится,
Крутись, крутись, веретено!

A NEW SPROUT APPEARS

A new sprout appears
Through the rotten moss-grown leaves.
April is coming bringing new life!
The grass is still frozen every morning
Under the chilly winds,
But an incessant uproar of rooks
Tell us that spring is on the way!
We keep yet in our memory March snow,
But new life is coming,
A new sprout appears!

ПРОБИВАЕТСЯ НОВЫЙ ПОБЕГ

Пробивается новый побег
И замшелую рушит он прель,
О, весны необузданный бег,
Новой жизни предвестник, апрель!
Ещё зябнет трава по утрам.
Ещё ветер колючий свистит,
Но грачей несмолкающий гам
Так о многом уже говорит!
Ещё помнится мартовский снег,
Но по жилам бежит жизни ток,
Пробивается новый побег,
Зеленеет апрельский листок!

LIFE IS A SONG

How often we forget that life is a song!
If you start to drink champagne,
Drink it to the bottom!
When you delete
Only one word from the song,
The song dies at once.
This is the best you may find
When your soul is singing!
Harmony is without beginning, without end.
It leads us to that pier
Where hearts beat in unison!

ЖИЗНЬ – ЭТО ПЕСНЯ

Как часто все мы забываем,
Что жизнь, как песня нам дана,
Когда бокалы поднимаем,
То пьём шампанское до дна!
Коль слово выкинешь из песни,
То песня тотчас же умрёт,
Что может быть ещё чудесней
Когда душа сама поёт!
Гармония, ей нет начала,
Не отыскать её конца,
Она плывёт к тому причалу,
Где бьются трепетны сердца!

WRAPPED IN THE MANTLE OF TIME

Wrapped in the mantle of time
I am like unrecognized astronomer
Who observes unknown universe.
I keep in my memory vacillating dreams,
I try to find a grain of truth in different faiths
And count the phases of the Moon in night spheres.
The path of knowledge is full of enigmas,
How difficult to understand the laws of harmony!

ЗАВЕРНУВШИСЬ В МАНТИЮ ВРЕМЕНИ

Завернувшись в мантию времени,
Я как непризнанный астроном,
Ищу, как вселенной строится дом,
Какого мы с вами роду-племени.
Коплю в своей памяти зыбкие сны,
Ищу зёрна истины в разных я верах,
Слежу, как меняются фазы луны
В очень высоких небесных сферах.
Но полон загадок гармонии путь,
Приходится честно признаться,
Что вряд ли найдётся сейчас кто-нибудь,
Кто сможет до истины всё ж докопаться!

I ADOPT EVERYTHING WITH AN OPEN SOUL

I adopt everything with an open soul:
A captivating chord of enchanting music,
The mirror of a frozen river
And the brilliance of a bright star.
I am so pleased hearing your melodious voice,
And my soul is soaring in the sky!
I don't care about my age,
I feel like an almond tree in blossom!

С ОТКРЫТОЮ ДУШОЙ ВОСПРИНИМАЮ

С открытою душой воспринимаю
Волшебной музыки пленительный аккорд,
В ней зеркало застывших зимних вод
И блеск звезды, что в небесах сияет!
О, господи, как сердце замирает,
Когда ты так божественно поёшь,
Какое настроенье создаёшь,
Один Всевышний лишь об этом знает!
Душа моя всё в небесах витает
И я в восторге полном, как всегда,
Ничто со мной не делают года,
Миндальным деревом я снова расцветаю!

WHEN LOVE SPARKS APPEAR BETWEEN US

When love sparks
Appear between us,
And suddenly
The heart will start to sing,
We understand
That the flame
Will never quench.
It will fade nevermore!
We are building harmoniously
Our crystal palace of love
Where we will live in accord
Happily for a long time.
We will create
Wonderful melodies
For the unique sonata
Of our love!

ЛЮБОВНАЯ ИСКРА КОГДА ПРОБЕЖИТ МЕЖДУ НАМИ

Любовная искра
Когда пробежит между нами,
И сердце анезапно
От счастия вдруг запоёт,
Мы оба поймём,
Что уже не погасится пламя,
Водой никакою
Никто никогда не зальёт!
Дворец совершенный
С тобой гармонично возводим,
И в этом дворце
До конца будем счастливо жить.
Отыщем мы массу
Своих утончённых мелодий
Сонаты любви той,
Никто чтоб не смог повторить!

WE TRY TO FIND THE TRUTH

We try to find the truth,
That invisible sacred truth
That irresistible, incorruptible truth
Breaks through the asphalt.
There does not exist such a shaman
Who is able to entreat this truth.
That truth may carry everything
On their shoulders!
Like drops of water split the stone,
That truth will win any battle,
Because it does not afraid
Of our depraved world!

МЫ ИСТИНУ ПЫТАЕМСЯ НАЙТИ

Мы истину пытаемся найти,
Ту истину, которая незрима,
Святую истину, она неодолима
И людям вечно будет свет нести!
Та истина любой асфальт пробьёт,
Ей недоступны подкупы, обманы,
Напрасны заклинания шаманов,
Всё на плечах своих она снесёт!
Как капли водные седой гранит источат,
Так истина вас изопьёт до дна,
Всё в этом дело, тем она сильна,
Что ей не страшен старый мир порочный!

UNITY OF THE WHOLE

The sun is in zenith,
The heavens are turquoise,
The unrestricted wind
Plays with the wild field flowers...
Such a harmonious picture!
You feel the unity of all
At the bountiful midday!

ЕДИНСТВО ЦЕЛОГО

Солнце в зените светит,
Горит бирюзой небосвод,
Водит гуляка-ветер
Цветов полевых хоровод...
Как гармонична картина,
Не оторвать нам глаз,
Сливается мир воедино
В этот полуденный час!

A SONG OF THE WIND

Everything that I keep in my heart,
I give to the people ardently.
The song of my soul I give to the birds,
Let them sing my song in the morning.
I give my sorrow to the barren trees,
And everything I have written
I give to the free wind.
Let it carry my words around the world.
Perhaps some of them
Will be deposited on the old stones
And will stay there forever
Like the ancient hieroglyphs.

ПЕСНЬ ВЕТРА

Что в сердце я своём коплю,
Со страстью людям отдаю,
А песнь души вручаю птицам,
Мелодией чтоб возродиться.
Деревьям я несу печаль,
Когда уж ничего не жаль.
И всё чем я ещё горю,
Я ветру вольному дарю.
Пускай слова мои несёт,
Пускай он веет круглый год.
Может благословенна весть
На камне древнем где осесть.
А всё что вверено камням,
Навеки остаётся там!

WHEN THE DAY HAS SAID EVERYTHING

When the day has said everything
And the foggy night comes, I have a strange feeling
That I have drunk a gulp of eternity.
I am trying to the fullest extent which is possible
To fill my words with the portion of the passed day.
When a new day comes tomorrow morning
And sunbeams illuminate everything,
I will keep the passed day in my memory
Like an unforgettable remembrance.
And I believe that all the past
Will be reborn when I find that trembling word
For the chaste, sacred life...

КОГДА ДЕНЬ ВСЁ СВОЁ ОТГОВОРИЛ

Когда день всё своё отговорил,
И на пороге ночь уже туманна,
Охвачен чувством я бываю странным,
Что я у вечности и свой глоток отпил.
Стараюсь я по мере своих сил,
Чтоб каждый слог мой отдавался хмелем,
Чтоб дня ушедшего и радость, и веселье
Достойно я в строках отобразил.
Когда же поутру настанет новый день,
То встречу неба ясного сиянье,
И станет прошлый день воспоминаньем,
Отбросит тучка грусти скорбную тень.
Со всею осознаю полнотой,
Что всё былое возвратится снова,
Когда найду то трепетное слово
Для жизни целомудренной, святой...

I AM FULL OF PASSION YET

I am full of passion yet
Hearing the sound of silver trumpets,
I still feel the taste of tender, desired lips.
I feel the warmth of breasts,
I still hear your excited breathing.
Oh, how pretty you are, my beloved!
But the waterfall becomes exhausted,
The water disappears.
I see that your tired eyes are ready to fall asleep.
Live coals glow peacefully.
The candlelight is still flickering...

ЕЩЁ Я СКРЫТОЙ СТРАСТИ ПОЛН

Ещё я скрытой страсти полн,
Поют серебряные трубы,
Ещё зовут желанные губы,
Их вкус и сладостен, и солн.
Грудь трепетная жаром дышит,
Трепещет чуткая душа,
Ах как ты всё же хороша,
Ещё твои рыданья слышу!
Но утихает водопад,
Вода струится меж ладоней,
Ещё подрагивают кони
И бьют копытом невпопад.
Всё кончено, усталый взгляд,
Зола костра тепло теряет,
И веки тяжкий сон смыкает,
Лишь свечи всё ещё горят...

SARCOPHAGUS

Lovers of the sonnets and ballades!
When you find this sarcophagus,
Open the rusty lock and take out the old sheets.
Please read slowly the yellow pages,
And you'll find the garden in blossom again.
The bees with broken wings will buzz around flowers.
You will hear the warbles of the birds from the past.
You will see the beautiful sunset.
You will feel the sorrow of people
Involved in terrible wars of the past.
You will hear the battle of furious waves with wet cliffs.
It doesn't matter that time divides us by an unseen wall.
To be with you again is a big reward for me,
Let shine again the diamond of harmony!

САРКОФАГ

Любители сонетов и баллад,
Когда вы этот саркофаг найдёте,
Замок весь проржавевший отопрёте
И вынете листы, что там лежат,
Поверьте, господа, я буду рад,
Когда без спешки вы их разберёте,
Все ветхие страницы перечтёте,
Чтоб вновь расцвёл уснувший было сад.
Пусть над цветами пчёлы зажужжат,
Чьи крылышки изрядно поистлели,
Пусть птиц усопших разнесутся трели,
Угасший запылает пусть закат!
Вы прошлых битв услышите набат,
Людских судеб проникнитесь вы горем,
Услышите как яро волны моря
О скалы с рёвом бьются невпопад.
Неважно, что десятки лет лежат,
Нас разделив неведомой оградой,
Быть с вами вновь – неслыханна награда,
Алмаз гармонии засветит во сто крат!

THE BEGINNING AND THE END

You think that you are full of new thoughts,
You try to become firmly established.
Alas! You follow a beaten path!
You think that you are from the very beginning,
That you are able to conquer the world,
That you will be famous forever.
You don't know yet the black sorrow,
You have no experience of bitter losses,
You don't feel yet how changes
 The rhythm of modern life.
You don't understand that your standard rhymes
Are faded, that everything you wrote means nothing.
There are no more trumpets! Don't be in despair.
Gather together everything you did before,
Light the icon lamp of your soul
And tune yourself into harmony mood…

НАЧАЛО И КОНЕЦ

Вам кажется, мыслей вы новых полны,
Своё утвердить вы желаете кредо,
Увы, проторённым шагаете следом
Давно укатившейся в море волны!
Вам кажется, вы ещё только в начале,
Ещё вы способны весь мир покорить,
Ещё знаменитым сумеете быть,
Ещё вам неведомы чёрны печали.
Ещё вы не знаете тяжесть утрат,
Не видите как усложняются ритмы,
Теряют окраску привычные рифмы,
Всё что написали, снесите на склад.
Не нужно фанфар, отмените парад!
Всё, что сохранилось, по крохам верните,
Лампаду души неспеша засветите,
Настройте себя на Гармонии лад...

THE SULTRY SUMMER DISAPPEARED SUDDENLY

The sultry summer disappeared suddenly,
You may feel the cool of the autumn.
The cluster of grapes basks in the sun
And the wind roams around...
But in the moonlight you see
The neglect of an old garden.
True love is so rare, it is really
An embellishment of our life!

КАК-ТО РАЗОМ СОШЁЛ ЛЕТНИЙ ЗНОЙ

Как-то разом сошёл летний зной,
Потянуло осенней прохладой,
Ещё нежится кисть винограда,
Ещё ветер гуляет шальной...
Но уже под пустынной луной
Ощущаешь заброшенность сада,
Нам даётся любовь как награда,
Не старайся, не сыщешь иной!

I AM LOOKING AT THE TREE SOLEMNLY...

I am looking at the tree solemnly
And see many scars on the bark
After numerous hurricanes.
I am wandering around the world so long...
I was an eyewitness
For many unexpected events in my life.
To be honest, I must tell you that sometimes
The reason of all our quarrels are so petty,
That I cannot understand how is it possible
To embezzle our life for such trifles?
I am looking at the tree solemnly...
This tree is very courageous.
It won the terrible battles with many furious storms
And may be a good example for others
How to survive in this violent world.

ЗАДУМЧИВО НА ДЕРЕВО ГЛЯЖУ...

Задумчиво на дерево гляжу,
Его кору избороздили раны,
Какие пронеслись здесь ураганы,
Каких штормов следы я нахожу!
Уж столько времени я по миру брожу,
Был стольких встреч свидетелем нежданным,
Так неожиданны они порой и странны,
Поток всех чувств навряд ли отражу.
И откровенно вам, друзья, скажу,
Какими мелкотравчатыми ссоры
Все наши выглядят...Упейтеся простором!
О, господи, кому ж теперь служу?
Задумчиво на дерево гляжу...
Не поддалось оно ветров напору,
Пример достойный брать с него нам впору,
Всю душу перед ним я обнажу!

WHEN MY SOUL IS PEACEFUL AGAIN

When my soul is peaceful again
And a virginal holiness will be established,
My beloved faces will appear in memory.
At this time of tranquility I appeal to off springs.
Perhaps they will find a drop of inspiration in my lines.
But if my labor disappears in vain, I don't care, in either case
I know the taste of Harmony, which governs the world!

КОГДА ДУША ВНОВЬ ОБРЕТЁТ ПОКОЙ

Когда душа внось обретёт покой
И девственная святость воцарится,
Вновь оживут тогда передо мной
Такие близкие, приветливые лица.
И в этот безмятежный светлый час
К грядущим обращусь я поколеньям,
Быть может, кто-то вспомнит и о нас,
В строке отыщет каплю вдохновенья.
А если труд мой даром пропадёт,
И людям до меня нет больше дела,
Что ж, не беда, синеет небосвод,
И мир в руках Гармонии всецело!

WHERE ARE YOU?

The strong wind strikes against the gate
And tosses the bare branches of trees.
My life moves like a snail in the rain.
I don't know where you are,
Where is your home.
Our love was not a childish,
I cannot understand
Why did you leave me…

ГДЕ ТЫ?

Ветер бьёт калиткой,
Ветви теребя,
Жизнь ползёт улиткой
В мареве дождя.
Где ты, я не знаю,
Где теперь твой дом?
Всё сижу, гадаю,
Думаю о том,
Разве ж мы играли
В фантики с тобой,
Разве ж мы не знали,
Что уйдёшь к другой!

TORTURE OF LOVE

Cupid sent his arrows
Into my heart,
I am enveloped by dense clouds,
I lost my rest,
My heart beats inside of love's net.
What are you doing with me, love?
Are you bliss of paradise
Or the torture of hell?

МУЧЕНИЯ ЛЮБВИ

Эрот пронзил отравленной стрелой,
Мой мозг окутан облаком дурмана.
Отдавшися волнам любви обмана,
Я потерял навеки свой покой.
И сердце – кровоточащая рана,
Страдает в холода оно и в зной,
Скажи любовь, что делаешь со мной,
Исчадье ада ты или небес осанна?

I TRY TO UNDERSNAND

I try to understand
How the correlation of shapes of objects
Are possible to reflect the radiant colors of summer?
Gazing the waterfall of light, you understand
How intensive and vibrant life can be!
Looking for the answers to many puzzles of nature
I try to adopt this brilliant mysterious world.
Perhaps I'll find something simple solution
How to overcome the barrier of prohibition.

МОЙ УМ ПЫТАЕТСЯ ПОНЯТЬ

Мой ум пытается понять
Соотношенье форм предметов,
Как лучезарны краски лета
Оно могло бы передать?
Купаясь в водопадах света,
Внезапно думаешь о том,
Какая жизнь здесь бьёт ключом,
Каким огнём она согрета!
Отыскивая нужный том,
Где на загадки есть ответы
От омеги до альфа-беты,
Исследую вселенной дом.
Найду, быть может, что-то где-то,
Читая с чистого листа,
Бог даст, святая простота
Позволит снять барьер запрета.

OH, MY TERRESTRIAL LIFE

Oh, my terrestrial life, my bitter sorrow,
My interest will never wane to study the maze of being.
I don't know why I am a victim of doubt,
And how long will I look for my true path?

О ТЫ, ЖИТЬЁ МОЁ ЗЕМНОЕ

О ты, житьё моё земное,
Кручина горькая моя,
Что не даёшь опять покоя
В познаньи вечном бытия?
Что мучишь тягостным сомненьем,
Никак я не могу понять,
Земным ли, божьим откровеньем
В конце концов должны мы стать?
Не знаю, чьих ты рук творенье,
Куда прикажешь мне идти,
Иль пребывать всю жизнь в смятеньи
На неизведанном пути?

THE LIGHT OF A FOGGY MORNING

The light of a foggy morning
Penetrates through the dim clouds,
But my hands are not trembling yet.
The pink flowers are still vivid
At the crossroads, and the reflection
Of a former dream glows in my lines.
The last beam of sunset makes my soul shudder.
Don't worry! The best is yet come!

ТУМАННОГО УТРА СВЕТ

Туманного утра свет
Струится сквозь облака,
Но на закате лет
Ещё не дрожит рука.
Ещё алеют цветы
На перепутьи дорог,
И отсвет былой мечты
Ещё не погас меж строк.
Закатного солнца луч
Душу мою бередит...
Сомненьем себя не мучь,
Всё ещё впереди!

I LAY ON THE VELVETY GRASS

I lay on the velvety grass
Forgetting all my woes,
Looking into balmy and singing a sweet song.
My soul is full of blissful light ready to fly
To the glittering clouds immediately!
These moments of life are unforgettable.
I am ready to soar like a bird.
Go away, sadness and grief, life is wonderful!

НА ТРАВЕ-МУРАВЕ Я ЛЕЖУ

На траве-мураве я лежу,
Разом горести все позабыв,
В необъятное небо гляжу,
Напевая весёлый мотив.
Как душа моя светом полна,
Рвётся к белым она облакам,
И тепла набегает волна,
Всё за это на свете отдам!
Уношусь я мечтой светлой вдаль,
Птицей вольной готовый парить,
Не страшны ни тоска, ни печаль,
Я так счастлив, так хочется жить!

A FURIOUS WIND HOWLS

A furious wind howls and kills gorgeous flowers.
It glides like a black raven around constellation of beauty.
It sings a song for the repose of the dead.
Oh, terrible wind, why are you so severe?
Perhaps we will meet a hurricane one day
Standing firmly before ferocious elements…
We know that only harmony and beauty will save mankind!

ЯРЫЙ ВЕТЕР ЗАВЫВАЕТ

Ярый ветер завывает,
Губит дивные цветы,
Чёрным вороном летает
Над созвездьем красоты.
Он поёт им песнь надгробну,
Адский ветер-суховей,
Что же ты такой уж злобный,
Лепестки-то пожалей!
Так и мы, судьбе подвластны,
Стойко встретим ураган
С сердцем любящим и ясным,
И с рубцами старых ран.
Злой стихии неизбежность
Пусть нас душит и гнетёт...
Лишь гармония и нежность
Человечество спасёт!

RURAL MOOD

I disappear from the stuffy apartment
In wide fields where my song flows,
Where a murmuring brook talks to me,
Where air is fresh and rural path is attractive,
Where I stroll aimlessly all day in grassy meadows
Under the bright sunlight being blissfully happy!

СЕЛЬСКОЕ НАСТРОЕНИЕ

Из душных спален городских
Я ухожу в поля,
Где льётся мой свободный стих
И где парит земля.
Где говорливый ручеёк
Беседует со мной,
Где сеть просёлочных дорог
И воздух где лесной,
Где я брожу в сырых лугах
Без цели день-деньской,
Купаясь в солнечных дучах
Над мирною рекой,
Где я блаженно замолчу,
Когда падёт роса,
Гармонии мир охвачу,
Взирая в небеса!

OH, MY LIFE

Oh, my life, I am ready
To bless my sadness
After all my prayers,
When I am in pacification
And look into my past
Full of ups and downs,
Love, tears, misfortunes…
Enough is enough!

О, ЖИЗНЬ МОЯ

О, жизнь моя, твои печали
Готов теперь благословить,
Когда всё так же вьётся нить,
И все молитвы отзвучали.
Душевных ран моих не счесть,
Сплошные взлёты и паденья,
Любовь, невзгоды, умиленье...
Но знать пора, мой друг, и честь!

I DON'T KNOW THE TURNING POINTS OF MY FATE

I don't know the turning point of my fate,
What is the next step?
Is my lira in tune or did I hit a false note?
How precise is my reproduction
Of groaning, tormented world?

НЕ ЗНАЮ Я, КУДА ВЕДУТ СУДЬБЫ КАПРИЗНОЙ ПОВОРОТЫ

Не знаю я, куда ведут
Судьбы капризной повороты,
Падения какие, взлёты
Меня ещё по жизни ждут?
Настроена ли моя лира,
Иль я беру неверный тон,
Смогу ли передать я стон
Вконец истерзанного мира?

LIVE WITHOUT TROUBLES

Live without troubles,
Trust to your dreams,
Fall in love,
Heal your wounds with balm.
Enjoy the scent of your passion,
Be happy every day,
Never regret the past!
Believe in fairy tales,
Open the door to a sweetheart,
Adore enchanting beauty!

НИ О ЧЁМ ТЫ НЕ ДУМАЙ, ЖИВИ!

Ни о чём ты не думай, живи,
Верь и сказкам своим и мечтам,
Оставайся ты верен любви,
Лей на раны целебный бальзам.
В переменчивой жизни своей
Пей страстей колдовской аромат,
Никогда ни о чём не жалей,
Дню грядущему снова будь рад!
Верь обманам и в чудо поверь,
Верь своей вдохновенной мечте,
Открывай сердцу доброму дверь
И волшебной молись красоте!

I DON'T WANT TO BE FAMOUS

I don't want to be famous.
I prefer to be out of modern life
Like a yellow autumn leaf.
I don't want anymore to be involved
Into an endless fight
To detangle myself from disputed situations.
I would like to reach holy simplicity,
To live in peace with righteous world,
And now, at the end of my life I say:
I don't want to be an idol!

НЕ ХОЧУ ЗНАМЕНИТЫМ Я БЫТЬ

Не хочу знаменитым я быть.
Разорвав с миром прочные нити,
Мне осенним листом бы кружить,
Не вписавшимся в ритм событий.
Не распутать весь сложный клубок
Бесполезных житейских признаний,
Не хочу усложнять больше слог
Я набором своих отрицаний.
Мне достичь бы святой простоты,
Жить в согласии с праведным миром,
И теперь у конечной черты
Говорю: не хочу быть кумиром!

HOW BOTTOMLESS IS THE SKY!

How bottomless is the sky!
You stay always in my dreams,
You are permanently on lips of everyone.
I like your azure color,
I dedicate to you my verses, my tender words!
I cannot imagine for a moment that the sun
May disappear from the horizon.
Oh, sky, you are the source of my inspiration.
I continue to write odes to you!

КАК НЕОБЪЯТНО И БЕЗДОННО НЕБО!

Как необъятно и бездонно небо!
Всегда ты пребываешь в моих снах,
Что б я ни делал, где бы только ни был,
Ты постоянно на моих устах.
Огромное бездонное пространство,
Для глаза так приятна синева,
Тебе свои я посвящаю стансы,
Отыскивая страстные слова.
И не могу представить на мгновенье,
Чтоб солнца луч в нём ярко не горел,
Гармония, источник вдохновенья,
Ещё не все тебе я песни спел!

I AM READY TO MELT INO YOU, NATURE

I am ready to melt into you, nature,
To drink your blue sky,
I am ready to fly into the dim forest
And to stay there forever.
I am ready to interrupt
The drowsiness of the pine forest,
Singing my joyful song and hoping
That other birds will sing in unison.

ГОТОВ С ТОБОЙ, ПРИРОДА, СЛИТЬСЯ

Готов с тобой, природа, слиться,
Упиться синевой небес,
Готов лететь я в тёмный лес,
Чтоб с птицами там поселиться.
И бора мрачного дремоту
Готов мелодией прервать,
Бог даст, и мне удастся взять
Гармонии высокую ноту!

SUNSET IS GLOWING...

Sunset is glowing
And swift swallows
Rush about the scarlet sky...
Oh, my soul, how are you tired,
Fighting all the time!
I did not find pure love
And spent my life in vain
Like a shell without the pearl.

ГОРИТ ЗАКАТ...

Горит закат и в небе алом
Щебечут ласточки, кружа,
О, как от жизни ты устала,
Моя измученная душа!
Как часто в непролазной чаще
Я на пути своём блуждал,
Любви не зная настоящей,
Не ведая кто правит бал.
Быть может, никому не нужен,
Свой век напрасно прожил я,
Как раковина без жемчужин
В глубинах тайных бытия...

OH, WISE TREE OF KNOWLEDGE

Oh, wise tree of knowledge,
I nestle close to your trunk.
Can I understand your wisdom?
Can I follow your harsh logic law,
Or the door of the shrine
Will never open to me?

О, ДРЕВО МУДРОЕ ПОЗНАНЬЯ

О, древо мудрое познанья,
Всем телом я к тебе приник,
Услышу ль *Эврики* я крик,
Найду ли сферу обитанья?
Суровой логики закон
Смогу ли на себе примерить,
Иль навсегда закрыты двери
И вход мне в раку запрещён?

I AM A SEED OF ETERNITY

I am a seed of eternity.
Here, on the earth
Is my terrestrial body with celestial soul.
Wandering around this world
I composed my melodious song with a special design.
Looking at this design
The eye finds a contour of snow-covered peaks,
And the heart finds sultry summer days!
Goodbye, my hospitable home,
Where I spent the best moments of my life,
And where inspiration was frequent my guest!

ЗАБРОШЕННОЕ ИЗ ВСЕЛЕННОЙ СЕМЯ

Заброшенное из вселенной семя,
Подобен я прощальному лучу,
Немного на закате посвечу
И пропаду, когда настанет время.
Земное тело я своё обрёл
И пылкую восторженную душу,
Пока тропой нехоженною шёл,
Возможно, кто-то и мою песнь слушал.
Я в ней соткал свой собственный узор,
Для глаза он такое умиленье,
В него вписался абрис снежных гор,
В нём чувствуется летнее томленье.
Прощай, земной гостеприимный дом,
Где пронеслися сладкие мгновенья,
Мне так тепло, уютно было в нём,
Мой светлый мир, источник вдохновенья!

Chapter 2. LOVE

WHEN YOU FELL IN LOVE ARDENTLY

When you fell in love ardently,
When your love is like a delusion,
When you are on top of pleasure,
When you are a captive of your beloved,
When you think that this dream will be endless,
How sad at times to wake up
And see only the live embers
Instead of the former heated passion
And to find that the throne of love
Has lost its golden decoration...

КОГДА ПОРОЮ СТРАСТНО ТЫ ВЛЮБЛЁН

Когда порою страстно ты влюблён,
Когда любовь подобна наважденью,
Когда ты на вершине наслажденья,
Когда навек любимою пленён,
Когда ты думаешь, продлится вечно сон,
Так горестно бывает пробужденье,
Что вместо пламени ты видишь только тленье,
И золотом любви не блещет трон…

YOU ARE BEAUTIFUL

The sunbeams slowly move
Along your velvet arms
And then jump to your dress
Illuminating everything around you!
Your turquoise eyes
Drank all of the blue sky!
You are beautiful!
I don't know is that a dream or reality?

ТЫ ПРЕКРАСНА

Солнце нежно так, ласково катится,
Растекаясь по бархату рук,
А потом перепрыгнет на платьице,
Заливая всё светом вокруг!
И глаза бирюзовые, ясные
Всю испили небес синеву,
Ты, мой ангел, такая прекрасная,
Это сон или сон наяву?

WHAT AN ATTRACTIVE GIRL SHE WAS!

What an attractive girl she was,
Smiling and joking sweetheart!
I knew her very well.
She was my gem, my pearl!
Tell me, my dear
Why are we apart now?
How will I dwell alone when
You still remain a part of me!

ТЫ БЫЛА КРАСИВОЮ ДЕВЧОНКОЙ!

Ты была красивою девчонкой,
Господи, ну как же я любил
Слушать голос твой задорный, звонкий,
Я тебя ещё не позабыл!
Драгоценным перлом ты казалась,
В сладких снах являлась по ночам,
Что же в жизни мне теперь осталось,
Возвращаться к розовым мечтам?

I FEEL AGAIN THE TENDERNESS OF YOUR TIMID EYES

I feel again the tenderness of your timid eyes,
So trusting, so humbling! And the tears of joy run again
When I remember that moment of bliss!
That fervent fire still burns in my heart.
How often I see you in my dreams,
How often I feel the strong beating of my heart!
Nobody will separate us, my beloved!

ВНОВЬ ЧУВСТВУЮ Я НЕЖНОСТЬ РОБКИХ ГЛАЗ

Вновь чувствую я нежность робких глаз,
Таких доверчивых, покорных,
И слёзы радости текут, как струи горны,
Когда блаженства вспоминаю час!
Любовный жар ещё всё не угас,
Как часто ты, любимая, мне снилась,
Как раненою птицей сердце билось…
Нет, разлучить никто не сможет нас!

I WISH I WERE HAPPY

I wish I were happy,
I wish I were a child of fortune,
I wish I were in the night sky
Floating near *Vega* star,
I wish I were falling in love again.
In that case I couldn't say how sad
Am I being faraway from love affairs.
Perhaps it looks strange,
But I built my nest among bare rocks,
And now I don't care about my past.
I don't want more to be a victim
Of your treason, my unknown
Fickle goddesses!

КОГДА БЫ СЧАСТЬЕМ ПОЛОН БЫЛ

Когда бы счастьем полон был,
Когда бы баловнем стал неги,
Когда летел бы к яркой *Веге*,
Когда любви вино бы пил,
Тогда бы вам не говорил,
Как одинок и опечален,
Вдали я от безумства спален,
Живу себе по мере сил.
Гнездо на дальних скалах свил,
Звучит пускай немного странно,
Не стану жертвою обмана,
Я прошлое навек закрыл.
И над безмолвною пустыней
Лью понемногу тихий свет,
И мне, признаться, дела нет
До всех вас, ветренны богини!

MY HEART DOESN'T LIKE TO BE PRISONER

My heart doesn't like to be prisoner,
It doesn't want to be in pain again,
It wants to glide in the blue sky,
It is ready to believe in illusion,
To hear tender words.
It tries to open the door once again
And to forget about the scars of old wounds.

НЕ ХОЧЕТ СЕРДЦЕ БИТЬСЯ ВЗАПЕРТИ

Не хочет сердце биться взаперти,
Стучит упорно, просится на волю,
Устало ныть оно от острой боли,
Желает радость жизни обрести.
Готовое поверить вновь в обман,
В ложь сладких слов готовое поверить,
Оно опять распахивает двери,
Забывши про рубцы от старых ран.

WHEN I WAS IN DEEP SORROW

When I was in deep sorrow,
You usually only looked at me
And changed my mood.
I said goodbye to my sadness,
You opened the gates of paradise
And we rolled into the fields
Full of fragrant flowers.
Step by step sparks of love
Penetrated deeper and deeper
Into our hearts!

КОГДА ПЕЧАЛЬ ВНУТРИ СИДЕЛА

Когда печаль внутри сидела,
Укоренившись глубоко,
Ты просто на меня глядела,
И становилось жить легко!
Я сам, того не замечая,
Печали говорил прощай,
Ворота открывались рая,
И нас встречал весёлый май.
Мы шли цветущими полями,
Срывала нежный ты цветок,
И разгорался между нами
Любви алеющий Восток!

I WATCH YOU WITH PLEASURE

I watch you with pleasure,
I forgot the fondest word
And repeat the same mistakes.
I don't understand
Why I am such lummox?
It is very hard to change anything.
I am ready to run away,
But I cannot forsake you.
I cannot bear anymore the torture
Of my hopeless love.

ЛИШЬ МОГУ ЛЮБОВАТЬСЯ ТОБОЙ

Лишь могу любоваться тобой,
Позабывши заветное слово,
Может, увалень впрямь я такой,
Повторяю ошибки все снова.
Нелегко мне свой страх одолеть
И нелепым тебе показаться,
Лучше было б уже умереть,
Но не смею с тобою расстаться.
Вот такой уж мне выпал удел,
Впереди не видать просветленья.
Видно, быть весь свой век не у дел,
О, любви безответной мученья!

DON'T TELL ME ANYTHING BY WORDS

Don't tell me anything by words,
They have double entendre.
They may initiate gossip.
Let's keep silent and stop teasing people.
We will never change them.
People cannot live without gossip.
Don't tell me anything by words,
Suggest only by a gesture of your eyes,
And we'll understand what to do
When we meet each other again.

НЕ ГОВОРИ СЛОВАМИ

Не говори словами,
Двусмысленны очень слова,
И вот уж ползёт меж нами
Злая людская молва.
Давай помолчим, не будем
Напрасно гусей мы дразнить,
Так уж устроены люди,
Иначе не могут прожить.
Без пересудов и сплетен
Был бы наш свет не свет,
Обух нельзя ведь плетью
Перешибить столько лет!
Не говори словами,
Кончиком глаз намекни,
И догадаемся сами,
Что делать, оставшись одни.

FLEETING IMPRESSIONS RUNS, WAVE AFTER WAY

Wave after wave runs fleeting impressions.
How blissful is spring! Oh, my unexpected love,
Please delay the time, let me collect
The bouquet of tender words,
I want to give this bouquet to my beloved
And ignite a flame inside of her heart
The scarlet light of blissful love!

МИМОЛЁТНЫХ ВПЕЧАТЛЕНИЙ ЗА ВОЛНОЙ БЕЖИТ ВОЛНА

Мимолётных впечатлений
За волной бежит волна,
Ах вы, сени, мои сени,
Ах блаженная весна!
О, любовь моя нежданна,
Задержи-ка бег часов,
Собираю неустанно
Я букет из нежных слов.
Подарить хочу я милой
Этот красочный букет,
Чтобы в сердце с новой силой
Разгорелся алый свет!

YOU CAME TO ME LIKE A CRIMSON DAWN

You came to me like a crimson dawn
Kissing and immersing me
Into a charmed dream without end!
I looked at the colorful rainbow,
I've heard your fondest words,
I was the happiest man on earth!

ТЫ ЗАРЁЮ ЯВИЛАСЬ КО МНЕ

Ты зарёю явилась ко мне,
Разрумянившись, всё целовала,
И я плыл в заколдованном сне,
Ни конца ему нет, ни начала!
Семицветны горели огни,
В небе радуга ярко сияла,
Во всём мире мы были одни,
Когда слово заветно сказала!
И во мне тотчас всё расцвело,
Сердце пылкое бурно забилось,
На душе стало нежно, светло,
Дверца в рай, наконец, отворилась!

I LIKE YOUR SUPPLE BODY

I like your supple body
From the crown of your head to your heels
And ready to kiss each your finger,
I adore you, my beloved!
I like to embrace your slim legs
With the smell of fresh hay,
I am ready to please your knees,
I am ready to die immediately
For the instant pleasure of your love!

ЛИТОЕ ТЕЛО Я ТВОЁ ЛЮБЛЮ

Литое тело я твоё люблю
Всё от макушки и до самых пяток,
Твой каждый пальчик несказанно сладок,
Любимая, тебя боготворю!
К точётым прикасаюсь я ногам,
Ещё хранящим пряный запах сена,
Целую в умилении колено,
За миг любви я тотчас жизнь отдам!

PARADE OF LIFE

'T GO FAR AWAY FROM ME EVEN FOR A MOMENT

Don't go far away from me even for a moment.
Nobody knows exactly
When misfortune comes
Like a black bird of prey in the night.
Don't go far away from me even for a moment.
When I cannot see you,
I live with a sinking heart,
I am like a withered flower.
Don't go far away from me even for a moment.
Our life may dramatically change,
Nobody get back our past,
I may lose forever your divine face…

ПРОШУ, НЕ ПОКИДАЙ МЕНЯ НА МИГ

Прошу, не покидай меня на миг.
Порой никто доподлинно не знает,
Когда беда, как коршун, налетает,
В ночи отчаяния оставляя крик.
Прошу, не покидай меня на миг.
Когда тебя нет, сердце замирает,
Оно цветком увядшим опадает,
Я эту истину печальную постиг.
Прошу, не покидай меня на миг.
Он нашу жизнь навеки изменяет,
Ведь прошлое никто не возвращает,
Божественный твой угасает лик...

EVERY LIVING BEING THIRSTS DON

Every living being thirst for love
And tries to open the door of life!
If you lose such chance,
Somebody else will be happy!
Sea waves try continuously
To smash the rocks, but only one
Becomes a winner!

ВСЁ ЖИВУЩЕЕ ЖАЖДЕТ Л

Всё живущее жаждет любви,
В двери жизни настойчиво бьё
Миг желанный немедля лови,
Упустил, всё другим достаётс
Так на скалы морская волна
С неизменным упорством нес́
Точит камень упрямо она,
Но успех единицам даётся!

REMEMBER THOSE GOLDEN DAYS

Today I am bald and you are gray,
Anymore we cannot be in the sunshine.
Remember our shimmering bay,
Where we took a sip of mirthful wine!
Remember the mossy, rocky caves,
Remember our ardent kiss
Between never-tiring waves,
All in the past, in a murky abyss...

ДЕНЬКИ ПРИПОМИНАЯ ЗОЛОТЫЕ

Я полысел и ты уже седая,
Нельзя, увы, нам больше загорать,
А помнишь, глядя как волна играет,
Винцо с тобой любили попивать!
Припоминаешь ли зеленые мшистые скалы
И поцелуев сладострастный плен,
Катились волны, вал бежал за валом...
Неужто прошлое всего лишь жалкий тлен?

IF A WINTER CHILL WILL COME

If a winter chill will come,
You'll get warmed by my kiss.
My princess will be alive again
With glowing cheeks.
When old lives die,
The new bud will yield new flowers.
We don't need a magic word,
One line of love will revive you!
My beloved, don't worry,
If a chilly wind will come,
Let your cheek be like a pinky rose.
If you will be cold,
My hands will give you warmth!

ЕСЛИ ХОЛОДОМ ЗИМНИМ ДОХНЁТ

Если холодом зимним дохнёт,
Поцелуем тебя отогрею,
Вновь принцесса моя оживёт,
Снова щёчки её заалеют!
И на месте опавших листков
Вновь пробьются набухшие почки,
И волшебных не нужно нам слов,
Нам любовной достаточно строчки.
Нет, любимой не страшен мороз,
Коль заботливы руки согреют,
Пробирает пускай он до слёз,
Роза алая пусть пламенеет!

LOVE WILL NEVER DIE

Love will never die.
Another generations will come.
Our bodies will decay,
But not our souls.
Other lips will be kissed,
Other hearts will beat,
But my candlelight will be seen
Like a faraway little star.
I know that the light of my soul
Will find somebody else in the future!

ЛЮБОВЬ НИКОГДА НЕ УМРЁТ

Любовь никогда не умрёт,
Другие придут поколенья,
В труху время тело сотрёт,
Но душам неведомо тленье!
Других зацелуют уста
И будет других сердце биться,
Но не поглотит темнота,
Свеча будет долго светиться!
И этот мерцающий свет
Далёкой пусть звёздочкой светит,
Летя из глубин прошлых лет,
Тебя, неизвестного, встретит!

COME TO ME, MY ARDENT GIRL!

Come to me, my ardent girl!
Your contentment is my wildest pleasure,
You are my precious priceless treasure,
My unpredictable fatal whirl!
You are my pale shimmering pearls,
You are my nocturnal soft light,
You are my uncrowned queen of night,
I like each one of your stubborn curls!
At times you are violent, sometimes you purl
Like a lazily-running rivulet,
I am a victim of your magic net,
Come to me, my ardent girl!

ПРИДИ, ПРИДИ КО МНЕ В НОЧИ

Приди, приди ко мне в ночи,
Пока мерцает свет свечи.
Приди, приди ко мне и сядь,
Ты загляни в мою тетрадь.
Страница белая пуста,
Когда молчат твои уста.
Я удручён, я весь дрожу,
Как птица в клетке я сижу.
Как сыч я в полной темноте,
Ни строчки больше на листе...
Я без тебя и слеп и глух,
Брожу как бестелесный дух.
Приди, прижмись ко мне щекой
И песнь любовную пропой.
Приди, приди ко мне в ночи,
Пока мерцает свет свечи...

HOW ELOQUENT ARE YOUR EYES!

How eloquent are your eyes!
When you look at me, I don't need words,
Your eyes are the basis for everything!
I read all your feelings gazing into your eyes.
They reflect your soul.
You look at me smiling, and I am in Heaven!
Your eyes keep inside whole world.
Sometimes your glance is full of love,
Sometimes there is the lightning
Of a thunderstorm!

О, КАК ГЛАЗА ТВОИ РАСНОРЕЧИВЫ!

О, как глаза твои красноречивы,
Посмотришь, никаких не нужно слов,
Они так обаятельно пугливы,
Твои глаза – основа всех основ!
Чувства, которые тебя обуревают,
Читаю без труда в твоих глазах,
Они твою всю душу отражают,
Лишь улыбнёшься, я уж в небесах!
Твои глаза порою нежны,
Порой в них пробежит слеза,
Твои глаза, как мир, безбрежны,
В них то любовь, а то гроза!

YOU ARE INDIFFERENT AND TRANGE

You are indifferent and strange,
You want only your own desires,
You are obstinate and fickle,
You are ready to talk sarcastically.
Your enigmatic look is unpredictable,
Your fingers are nervous,
You who fears nothing,
Why are you looking at me with love?
Where do you hide your sharp spears,
Where are your invisible arrows,
Who is responsible for the matchmaking
Of such different people?
I cannot imagine that I may marry you!

ТЫ ОТЧУЖДЁННАЯ И СТРАННАЯ

Ты отчуждённая и странная,
В свои желания влюблённая,
Строптивая, непостоянная,
Для желчной остроты рождённая.
Твой взгляд загадочно-блуждающий
И пальцы рук переплетённые,
Ты, страха никогда не знающая,
Что смотришь на меня, влюблённая?
Стальные копья где припрятаны,
Лежат, скажи, где стрелы острые,
Ужели тайно мы сосватаны,
Ужель жить вместе до погоста нам?

EVERYTHING AND NOTHING

Do you remember our walking tour,
When we being tired were sitting
Near a little brook drinking spring water?
It was so hot, and big drops of sweat
Rolled down our smiling faces.
That day is far away now,
But I remember every detail.
That day was everything for both of us!
Now, many years later the same stars
Shine from the same night sky.
But there is nothing more to give my soul
The warmth of your heart!

ВСЁ И НИЧЕГО

Вспомни, как утомлённые походом,
Прилегли отдохнуть у ручья,
И ладонь была рядом твоя,
Жадно пили холодную воду...
Изнывала под солнцем природа
И катился с нас каплями пот,
Ещё в памяти день тот живёт,
О, как быстро проносятся годы!
Светят звёзды всё те ж с небосвода,
Но в душе ничего больше нет,
Что нас грело с тобой столько лет.
Очень жарким был день тот похода!

COME WITH ME!

You said: *come with me!*
But I stood motionless like a statue...
You looked at me sadly.
Well...Stay alone!
And you said not one word more.
You looked around, smiling.
Your eyes called me,
But I was tarrying...
I never saw the dawn of love again.
After many sad years of my life
I still hear your voice:
Come with me!

ПОЙДЁМ СО МНОЙ!

Сказала ты: *пойдём со мной!*
А я стоял всё истуканом.
Ты на меня взглянула странно:
Что ж, оставайся, бог с тобой!
И ничего не говоря,
Лишь обернулася с усмешкой,
Её взгляд звал, но я всё мешкал,
И больше не взошла заря...
Катилась жизнь пустая зря,
Только лишь эхом отдавалось:
Пойдём со мной!
Всё растерялось,
Дохнуло хладом января...

I HEAR YOURS RHYTHMICAL BREATH

I hear yours rhythmical breath,
I feel the warmth of your body,
I am so pleased,
There is no more suffering.
Oh, my celestial creature,
You sleep like a child,
You soar somewhere in your dreams.
You are my tiny piece of the universe,
You are my bliss and my tender love.
I am still full of emotions
Thinking about you!

Я СЛЫШУ МЕРНОЕ ДЫХАНЬЕ

Я слышу мерное дыханье,
Твоё я чувствую тепло,
Так на душе моей светло,
Уходят беды и страданья...
Моё небесное созданье,
Ты, как ребёнок, сладко спишь
И где-то в небесах паришь,
Забыв земное осязанье.
Кирпичик тёплый мирозданья,
Блаженство, светлая любовь,
Ты так меня волнуешь вновь,
Так жду с тобою я свиданья!

I LOVE YOU, I HATE YOU!

I love you, I hate you,
I don't understand yet
Who you are actually?
And I continue to suffer!
Sometimes I hate you, but then
I become crazy for you again.
I don't know exactly what to do.
Who will help me to solve my doubt,
Who will put my feelings in order?
Love is ecstasy, love is torture,
The fire of hell and trembling flight!

ЛЮБЛЮ ТЕБЯ И НЕНАВИЖУ

Люблю тебя и ненавижу
И не могу никак понять,
Кого перед собою вижу,
И продолжаю я страдать!
Проходит время, снова видеть
Тебя хочу, любви вновь полн,
И вот в таком печальном виде
Болтаюсь щепкою меж волн.
Кто разрешит мои сомненья,
В порядок чувства приведёт,
Любовь – восторг, любовь – мученье,
Жар ада, трепетный полёт!

IT'S RAIN AGAIN

It's rain again, it's bad weather.
What else do you want to see,
If all the sky is full of grey clouds?
Come to me in the autumn slush
And bring a scent of summer.
Lead me into the world of elves,
Fairytales and bliss!
Spread your love net,
I am ready to wriggle there like a fish,
Dying from love!

ОПЯТЬ ЗАРЯДИЛИ ДОЖДИ

Опять зарядили дожди,
Опять на дворе непогода,
Хорошего, видно, не жди,
Когда не видать небосвода.
В осеннюю слякоть приди,
Неся с собой запахи лета,
В мир эльфов меня уведи,
В мир сказки, блаженства и света!
Раскинь ты любовную сеть,
Готов в ней я рыбкою биться,
А после не грех умереть,
И ливни пускай будут литься!

I AM NOTHINGNESS WITHOUT YOU

I am nothingness without you,
I am a withered flower without you,
You are exactly what I need.
God gave you to me like a gift,
You are the basis of everything.
You are one among myriads
To whom I gave my heart.
Now you and I became "we".
Let us be in blossom
The flowers of our dream!

БЕЗ ТЕБЯ МЕНЯ ПОПРОСТУ НЕТ

Без тебя меня попросту нет,
Без тебя я усохший цветок,
Видно, клином сошёлся бел свет
И ударил меня любви ток!
Видно, впрямь ты мне богом дана
Как начало земных всех начал,
Среди многих такая одна,
Кому сердце я тотчас отдал!
И поскольку теперь я и ты
Превратились в единое «мы»,
Расцветает пусть роза мечты
И растают снега пусть зимы!

THE KISS OF THE RAIN

Making my way randomly through
The impassable jungle of life,
I've heard the rhythmical sound of rain.
And in the haze of this blissful rain
I found a sad smile in your eyes.
My tender feelings awoke,
I understood suddenly that I found you!
I felt the spurts of rain which kissed my lips.
I was drenched by you!

ПОЦЕЛУЙ ДОЖДЯ

Сквозь джунгли жизни пробиваясь,
Свой путь держал я наобум,
Когда услышал мерный шум,
Шёл дождь, слезами заливаясь...
И в этом мареве дождя
Глаза мне грустно улыбнулись,
И чувства нежные проснулись,
Я понял, что нашёл тебя!
Дождь лил и лил, он целовал
Мои всё губы непрестанно...
Тобой затоплен был, как странно,
Что раньше я любви не знал!

YOURS ROLLING LAUGH

Yours rolling laugh, a little suppressed,
Is like a far away burst of thunder.
It appears as wind before a thunderstorm
And vanishes like smoke. I don't know,
Will rainstorm come or not.
My eyes are full of tears,
I keep your rolling laugh in memory...

ТВОЙ РОКОЧУЩИЙ СМЕХ

Твой рокочущий смех,
Словно дальнего грома раскаты,
Начинает свой бег,
Приглушённый, чуть-чуть хрипловатый,
Ветром предгрозовым
Шелестит он листвой, налетая,
Исчезает как дым,
Дробным стуком вдали пропадая.
Разразится ль гроза,
Небо ль ливнем обильным прольётся?
Набегает слеза,
Перекатистый смех не вернётся...

YOU ARE MY REPLICA OF THE UNIVERSE

You are my replica of the universe,
You are an accumulation of all stars and comets.
You have led me for many years.
The light of yours eyes reflects the depths of your soul.
I don't know how long will continue my happiness?
I have no idea when the sunset will come.
Nevertheless, I live, I suffer and I am ready
To love you to the rest of my life!

ТЫ МОЯ РЕПЛИКА ВСЕЛЕННОЙ

Ты моя реплика вселенной,
Скопленье звёзд и всех комет,
Путь освещая неизменно,
Ведёшь по жизни столько лет!
Свет добрых глаз твоих струится,
Души неповторимой след,
Как долго всё это продлится,
Кто дать решится мне ответ?
Что ожидает нас, не знаю,
Когда придёт и мой закат?
Пока живу, пока страдаю,
Ещё любить тебя стократ!

I HAVE NOT STARTED YET TO LOVE YOU

I have not started yet to love you.
Who knows where is the beginning of sacred love?
Nobody found where the tarantula keeps a stinger of time.
I did not tell you all the words of my love.
Perhaps my sunset will come soon.
Alas, the spring water will carry away everything not done,
The dawn blaze is not so bright now,
Alas! I have not started yet to love you…

ЕЩЁ ЛЮБИТЬ ТЕБЯ НЕ НАЧИНАЛ

Ещё любить тебя не начинал,
Кто знает, где любви святой начало,
Никто пока ещё не отыскал,
Где времени тарантул прячет жало.
Ещё не все слова любви сказал,
А там, глядишь, тебя уже не стало,
Ещё любить тебя не начинал,
А времени так остаётся мало!
И по весне уносят воды талы,
Что не доделал, что не досказал,
Всё реже зори полыхают алы,
А я любить тебя не начинал...

HIDDEN LOVE

I don't love you like people
Who watch illuminating firework.
I comprehend love by my open heart.
I love you like a rare flower
That hides his buds from the envious eyes.
I love you like a silent autumn haystack.
I don't know why I love you,
I love you without logical reason,
I simply love you without explanations!

СКРЫТАЯ ЛЮБОВЬ

Я не люблю тебя любовию шутих
И многоцветьем яркого салюта,
Свою любовь я не умом постиг,
А верным сердцем в тишине уюта.
Люблю тебя как редкостный цветок,
Который прячет от людей бутоны,
Люблю тебя я как осенний стог,
Предзимьем холодов заворожённый.
Люблю, не зная сам я, почему,
Люблю тебя без видимой причины,
Люблю и точка! Знай, что никому
Не уступлю своей я половины!

WE ARE TOGETHER AT LAST!

We are together at last, let's live without care,
Let's enjoy by candlelight at Saturday evening.
There are no more sell phone calls,
Our home becomes silent at last!
We gaze with love into eyes of each other.
Let's forget about everything.
There is nothing else but only yours eyes
Framed by black eyelashes!
You are mine, my reality, mine dream!

НАКОНЕЦ, МЫ ОСТАЛИСЬ ВДВОЁМ!

Наконец, мы остались вдвоём,
Позабыты дневные заботы,
Мы вечерние свечи зажжём,
Тишиной насладимся субботы.
Наконец-то утихнет наш дом,
Перестанут звонить телефоны,
Наконец, мы остались вдвоём
И глядим друг на друга влюблённо!
Так забудем давай обо всём,
Глаз глубины, да чёрны ресницы,
Наконец, мы остались вдвоём,
Ты моя, наяву сон пусть длится!

I AM READY TO HUG YOU

I am ready to hug you, to shower with flowers.
Come to me, let's love spark run between us!
Let white angel soar and touch us by his wing!
Let celestial love unite us forever!
Let's try to ignite our hearts,
Let rumbles the first spring thunderstorm!
We will build the house of happiness by own hands!

В МОИ ОБЪЯТЬЯ УПАДИ

В мои объятья упади,
Осыплю я тебя цветами,
Пусть искра пробежит меж нами,
Прижмись нежней к моей груди!
Пусть белый ангел пролетит,
Крылами чистыми коснётся,
Любовь святая пусть проснётся,
Сердца навек соединит!
Желанья возгорится пламя
И прогремит весенний гром,
Мы возведём прекрасный дом,
И счастье выкуем мы сами!

I DECORATE YOUR NECK WITH A PEARL NECKLACE

I decorate your neck with a pearl necklace
And forget forever about all my doubts.
I cast away all offenses,
And nights of misunderstanding.
Trust, I'll be a good boy again!
We live under the same sky,
We are made from the same clay,
I cannot live without you…

ОЖЕРЕЛЬЯМИ ИЗ ПЕРЛОВ Я ТВОЮ УКРАШУ ШЕЮ

Ожерельями из перлов
Я твою украшу шею,
И сомнений чёрных жерла
Пусть на свалке проржавеют.
Все обиды позабуду,
Ночи недоразуменья,
Я теперь хорошим буду,
Только наберись терпенья.
Под одним мы ходим небом,
Сделаны из той же глины,
Без тебя мой путь неведом,
Без тебя я просто сгину...

TRUE LOVE, WHERE IS YOUR SHIMMERING BAY?

True love, where is your shimmering bay,
Which awaits us under the azure sky?
Who may solve the damn enigma: why
We are wayward sons gone astray?
Amid mountains, plains, and woods,
Upon the dewy, grassy lawn
We cannot meet love's scarlet dawn,
Who locked our door?

ГДЕ ИСТИНОЙ ЛЮБВИ ЗАЛИВ?

Где истиной любви залив,
Что нас под солнцем ожидает?
Кто мне загадку разгадает:
Есть в мире кто-нибудь счастлив?
Средь гор, равнин, среди лесов
Кто нас лишил любви рассвета,
Кто приказал расстаться с летом
И дверь кто запер на засов?

THE ELOQUENT EYES

Who is able to translate the passion better,
Than ardent, bright, eloquent eyes,
Who sends you an enigmatic letter,
Who invites you to soar in the sky?
Who tell you something you cannot hear,
Initiate the secret sighs,
Who once now love, now burst into tears?
You, my beloved eloquent eyes!

ЛУЧИСТЫЕ ГЛАЗА

Кто лучше страсть способен ередать,
Чем пылкие, лучистые глаза,
И кто загадочно способен завлекать,
Возносит кто порою в небеса?
Кто о любви поведает без слов,
Кто вызывает часто томный вздох,
То нежно любит, то рыдать готов,
Нет гения, кто б описать их смог!

I GET DRUNK FROM THE AMOROUS DEW OF LOVE

I get drunk from the amorous dew of love,
How powerful is this passionate reign!
The heart bursts into flame again,
I kiss you endlessly, my silver dove!
I am extraordinarily glad
That your swift fiery dart
Has pierced forever my ardent heart
And easily drove me mad!

РОСА ЛЮБВИ ПЬЯНИТ МЕНЯ

Роса любви пьянит меня,
Играют страсти с прежней силой,
И сердце вновь полно огня,
Как сладки поцелуи милой!
Ещё не ведаешь сама,
Что сердце мне стрелой пронзила,
И от тебя я без ума,
Меня ты к жизни возродила!

SONNET OF LOVE

Oh, my love affairs,
The sonnet of my innermost feelings
With the indelible traces in the heart!
I feel a nostalgia about my youth
And still remember the pain
Of old love wounds…
There is rainy day again,
And the sky is full of grey clouds,
But I don't feel sadness
Remembering my old joyful days!

СОНЕТ ЛЮБВИ

О, мои любовные утехи,
Сокровенных чувств моих сонет,
В сердце оставляете вы вехи.
Никогда неизгдадимый след!
Понемногу гложет ностальгия,
Уплывают медленно года,
Были же и мы ведь молодые,
И любовь кружила нас тогда!
А теперь одни воспоминанья,
Точит боль сердечных старых ран,
Так противно старости дыханье,
О, любовь, ещё тобою пьян!
Выдался опять денёк дождливый,
Серым горизонт заволокло,
Вспомню-ка деньки свои счастливы
Всем чертям непрошенным назло!

WE ARE LIKE TWO WINGS

We are like two wings
Fighting with fury's tempest.
Life gave to both of us
Equal tortures, equal bliss!

МЫ С ТОБОЙ, КАК ДВА КРЫЛА

Мы с тобой, как два крыла,
Бились вместе с бурей злою,
Всё нам на двоих с тобою
Жизнь с лихвою припасла!
Что положено, взяла,
Одарила вдоволь болью,
И посыпав раны солью,
Нас навеки развела…

DEPTHS OF LOOK

Sometimes you cannot interpret
The depths of a look or the sadness of a smile,
And suddenly you are stunned
By how close to your soul
The abating sounds of a violin are.

ГЛУБИНЫ ВЗГЛЯДА

Глубины взгляда, грусть улыбки
Порой едва осознаёшь,
Ошеломлённый, с болью ждёшь,
Когда угаснут звуки скрипки…

YOU'VE CHANGED MY LIFE

You've changed my life,
I know that definitely.
I don't remember more of my life
Before I met you.
I worship you, I feel everyday
That I soar in the sky
Opening the gates of paradise.
I am happy, I work miracles, I love you
And I am dying from happiness!

ТЫ ИЗМЕНИЛА ЖИЗНЬ МОЮ

Ты изменила жизнь мою,
Доподлинно я это знаю.
Что было раньше, забываю,
Одну тебя боготворю,
Любовь моя, я вновь горю,
Ворота рая открывая!
Я окрылён, живу, творю,
Ещё и не осознавая,
Как я безудержно люблю
Тебя, от счастья умирая!

BLUE SKY

The fresh wind broke up grey clouds,
The blue sky smiles with joy,
And we are walking with you
Through a blooming field.
Your eyes became turquoise.
We are happy singing our joyful song
Which sped away and died down
Somewhere among clouds.
Thank God, the inclement weather
Is over, and we are ready to fly again!

ГОЛУБОЕ НЕБО

Свежим ветром разогнало тучи,
Улыбнулось небо нам с тобою,
Синева свалилась с горной кручи,
И опять гуляем под горою.
Всё заполнилось мгновенно бирюзою,
И глаза твои поголубели,
Зашагала по траве босою,
И от радости безмерной мы запели!
Уносилась наша песня счастья,
В небесах высоких затихая,
Наконец-то кончилось ненастье,
Наконец-то мы опять летаем!

I SEE YOUR SAD EYES

I see your sad eyes
And a crack at crystal vase.
I look at the lipstick on the table
And at your tears.
I see the bottle of red wine
And your colorful shawl.
I feel the stone wall that
Has grown up between us,
And I don't feel sorry
About anything...

ТВОИ ПЕЧАЛЬНЫЕ ГЛАЗА

Твои печальные глаза
И трещина на хрустале,
Сбегает горькая слеза,
Помады тюбик на столе.
Бутылка красного вина,
На стуле брошенная шаль,
Меж нами выросла стена,
И ничего уже не жаль…

THE OLD HOUSE WITH AN ATTIC

I remember the old house with an attic
And a small garden of camomiles.
I hear the languid sound of a piano,
I see the colored Chinese tea cups.
I remember your birthday
And glasses full of Georgian wine...
Your precious name, *Nina*,
Became my bright star forever!

СТАРЫЙ ДОМ С МЕЗОНИНОМ

Старый дом с мезонином,
Палисадник, ромашки,
Томный звук пианино,
Китайские чашки.
И твои именины,
Вин грузинских бокалы,
Имя светлое *Нина*
Мне звездой яркой стало…

WHAT ARE YOU TALKING ABOUT, GIRL?

What are you talking about, girl,
What are you looking for in this life?
Why do you hide your passionate feelings?
Your dot of light is almost invisible now.
The time will come, and you will burn
Like a butterfly in the fire of love!

О ЧЁМ ТЫ, ДЕВА, ВОПРОШАЕШЬ?

О чём ты, дева, вопрошаешь?
Что ищешь в жизни ты земной?
Ужель, ведомая судьбой,
Ещё об этом ты не знаешь!
Ты чувства нежные скрываешь,
Лишь теплится твой огонёк,
Но погоди, настанет срок,
Живым огнём ты запылаешь!
Ты страсть безумную познаешь,
Младая заиграет кровь,
И закружит тебя любовь,
Когда, как бабочка, сгораешь!

TO MY UNKNOWN MAN AND WOMAN

I am an Eternal Spirit of Harmony
Wandering in the Universe,
Trying to awaken souls,
Waiting for radiant smile
Which appears on the eager lips.
But I never know when a new love will come
Or when everything might be reduced to dust.
I expect that a blue reflection of Earth
Will appear in your wondrous eyes.
I don't know when the feather of the Firebird
Will touch your heart.
Will you bind me by a golden chain
Or will you disappear like a haze?
I want to be with you as a flap of a wing,
I am ready to fall madly in love
And realize all your dreams!
I am an Eternal Spirit of Harmony,
I am the hearth for the unknown Man and Woman,
I am their connecting half,
I am the Fire of Love on the trembling lips!

МОИМ НЕИЗВЕСТНЫМ МУЖЧИНЕ И ЖЕНЩИНЕ

Я - Дух Гармонии, блуждающий в веках.
Влюблённых звёздной пылью осыпая,
Я вечно странствую и никогда не знаю,
Проснутся ль души на свой риск и страх?
И заиграет ли на жаждущих губах
Улыбка, вся наполненная светом,
Пахнёт ли снова ярым жаром лета
Иль обратится в пепел всё и прах?
Заголубеет ли Земля в твоих глазах,
Коснётся ль нас с тобой перо Жар – птицы,
И если суждено тому случиться,
В каких, скажи, гореть любви кострах?
И на каких тебя носить руках,
Возлюбленная, мне тогда прикажешь,
Златою цепью навсегда ли свяжешь
Иль растворишься дымкою в горах?
Единого крыла единый взмах,
Не рассуждая, головою в омут!
Какие струны сердце твоё тронут,
В каких уснёшь блаженных ты мечтах?
Я - Дух Гармонии, я вечности очаг!
Неведомые Женщина – Мужчина.
Связующая вас я половина,
Я – огнь любви на трепетных устах!

I SEE A LIGHT AT THE END OF THE TONNEL

I hug you and kiss your breast.
I don't know who kissed you before,
But let me stay with you,
Because you revived me again!
Let's forget our previous sadness,
Let's through away the burden of the past.
You became the part of me, and now
I see the light at the end of tunnel!

В КОНЦЕ ТОННЕЛЯ ВИЖУ СВЕТ

Я снова нежно припадаю
К твоей целованной груди,
Кто целовал тебя, не знаю,
И всё ж прошу: не уходи!
Не говори о том, что было,
Я не хочу о прошлом знать,
Меня ты к жизни возродила,
И я готов любить опять!
Забудем прежние печали
И сбросим тяжесть горьких лет,
С тобою близкими мы стали,
В конце тоннеля вижу свет!

DECLARATION OF LOVE

Time runs, and I start to count the last days.
I don't care anymore about my gray hair.
I don't want to stroll around you
Like a peacock with a spread tail!
But be assured that I will take care of you.
Perhaps my speech is boring but I don't wear
A mask and I cannot tell about love eloquently.
For me love is like a breath, and to fall in love
Means to be faithful forever!

ПРИЗНАНИЕ В ЛЮБВИ

Часы бегут под стук колёс,
Уже деньки считаю,
И серебро своих волос
Давно я не скрываю.
Я перед Вами не хочу
Хвост распускать павлином,
Сам по счетам всегда плачу,
В беде Вас не покину.
Скучна моя, быть может, речь,
Но не ношу я масок,
И чтоб огонь любви разжечь,
Мне не хватает красок.
Но можно ж попросту сказать,
Что Вас люблю безмерно,
Любить, ведь это как дышать,
Любить – всегда быть верным!

Chapter 3. LIFE

THE WIND DOESN'T BLOW

The wind doesn't blow, all my sails
Hang in the motionless air.
There is a long calm, a time of despair,
I think, alas, that all past life fails.
And a vagrant thoughts whisper again
About balance between death and life,
Between sweet peace and bloody strife,
About roses which will wane.
But it doesn't help to suppress my pain,
I cannot transform black into white.
It seems *Ecclesiastes* was right
To say: everything was in vain!

СТИХ ВЕТЕР

Стих ветер и повисли паруса,
Полнейший штиль и воздух не струится.
Теперь могу я бесконечно злиться,
Вновь жизни чёрная настала полоса.
Нашептывает тихо мысль опять,
Что есть всегда баланс меж жизнью-смертью,
Меж миром и войной, и уж поверьте,
Что розы вечно будут увядать…
Но боль не успокоить больше, нет,
И чёрное не станет снова белым…
Екклезиаст был прав, сказав меж делом,
Что наша жизнь лишь суета сует!

I AM LIKE A SPIDER SPREADING MY VERBAL WEBS

I am like a spider spreading my verbal webs,
Weaving the threads of the transcendent thought
To force someone to read what I have wrote,
But sometimes the noble desire ebbs.
Why must I act like as a buzzing busy bee?
Why must I bring fine honey in beehive,
Who said that you need nothing but to strive
For success? I'm glad enough with only what I see!

СЛОВЕСНУЮ ПЛЕТУ Я ПАУТИНУ

Словесную плету я паутину,
Тяну всё отвлечённой мысли нить,
И как паук, пытаюсь заманить
В густую сеть, в неведомы глубины.
Но дело доведя до половины,
Опять уж начинаю я скучать,
Я ж не пчела, чтоб в улей мёд таскать!
Ищу всё золотую середину…

FICKLE MOOD

Sometimes I am like a sullen cloud,
My sole is as senseless stone,
I see in my mind a misty shroud,
From trembling lips escapes a moan.
But when a sweet sunbeam appears,
All my depression is lifted at once.
There are no more harrowing fears,
Life prances again in rhythmical dance!

ИЗМЕНЧИВОЕ НАСТРОЕНИЕ

Дождливым облаком кажусь себе порой,
Моя душа совсем окаменела,
И в саване моё недвижно тело,
Сухие губы, сам лежу не свой.
Но солнышка пробился тёплый луч,
Ушла депрессия, я выхожу из транса,
Жизнь вновь полна ритмического танца,
Проходит страх, нет больше грозных туч!

OH LIFE, UNKNOWN DEITY

Oh life, unknown deity,
You modify your forms but cannot die,
Wandering along the maze of eternity,
You change your tactics, and mystify!
Stay enigmatic, never open the magic code.
Keep in the shadow deep secrets of life's birth,
Let all wise men walk on the beaten road,
Delude them to what's happening on earth!

О, ЖИЗНЬ, НЕПРЕДСКАЗУЕМЫЙ ТВОРЕЦ

О, жизнь, непредсказуемый творец,
По лабиринтам вечности идёшь,
Меняясь, никогда ты не умрёшь,
Неся загадочный мистический венец!
Прячь тайну, чтоб никто не смог найти,
Не смог код жизни чтобы разгадать,
Дай умникам всем вволю поплутать,
Пускай идут по ложному пути!

EVERYTHING DISAPPEARS STEP-BY-STEP

Everything disappears step-by-step,
My old house is somewhere in the past,
And I don't know who lives there now.
My gentle mother will never treat me
With tea and jam.
The childhood is so faraway.
That my *rendez-vous* and my first kiss
Are being lost in the past.
Don't be sad, my heart.
Winter will come soon...

ВСЁ ПОНЕМНОГУ ИСЧЕЗАЕТ

Всё понемногу исчезает,
И где-то в прошлом старый дом,
Никто доподлинно не знает,
Живут ли, не живут ли в нём.
Не угостит нас больше чаем
С вареньем ласковая мать,
Всё дальше детство уплывает,
Всё меньше стало нам терять…
Уходят в прошлое свиданья,
Тот первый детский поцелуй,
И в сердце копятся рыданья,
Не надо, сердце, не тоскуй.
Сводить не станем с жизнью счёты,
Хотя короче всё деньки,
Ноябрь… Зимой пахнуло что-то,
Дни детства, как вы далеки!

EVENING SONG

Pink patches of light
Jumps on the walls.
A scarlet sun is sinking.
Night is coming.
Everything is quenched.
A bird has finished last song.
Silence and calm
Are everywhere…

ВЕЧЕРНЯЯ ПЕСНЬ

Алые блики по стенам играют,
Медленно рыжее солнце садится,
Ночь приближается, всё замирает,
Всё затихает, всё гаснет, томится…
День отошёл, и мерцает лампада,
Песню вечернюю птица пропела,
Дай насладиться последней руладой,
Ночь приближается, жизнь пролетела…

SILENCE BEFORE SUNSET

How lovely is the silence before sunset!
Everything is solemn, everything is as if sacred.
The rose light is streaming through the gaze,
You are embraced by a special mood:
There is no sorrow or sadness,
There is a moment of quietness,
There is a moment of revelation,
When eternity is concentrated in a single drop!

ПРЕДЗАКАТНАЯ ТИШИНА

Солнце клонится к закату,
И вокруг такая тишь,
Всё торжественно и свято,
Замираешь и молчишь.
Затуманенные дали,
Льёт светило алый свет,
Нет ни скорби, ни печали,
Ни тоски ушедших лет…
Час безмолвья, час прозренья,
Воздаётся всё сполна,
Мир затих, миг откровенья,
Вечность в каплю вмещена!

THE LIFE WILL GIVE YOU A GIFT WHILE PASSING BY

The life will give you a gift while passing by.
It may be rain or swirling gusts.
Trust me, you may find beautiful moments
In every season!
Life is a combination of numerous events.
Life is an amazing mixture of ups and downs,
Life is joy and labor, life is tears and torture.
Life is violent ecstasy of love!
Life never promises to you something definite.
You cannot bargain with life.
And when life will punish me, I will never argue.
I will become peacefully a silent part of eternity.

ЖИЗНЬ ВАМ ПОДАРИТ МИМОХОДОМ

Жизнь вам подарит мимоходом
Дождь, ветра страстного порыв,
Поверь, в любое время года
Отыщешь в ней немало див!
Жизнь – это тысячи мгновений,
Незабываемых минут,
Жизнь – смесь дерзаний, поражений,
Жизнь – радость бытия и труд!
Жизнь – это слёзы и страданье,
Любви неистовой восторг,
Жизнь не даёт нам обещанья
И с нею неуместен торг.
Когда ж *adieu* она мне скажет,
Небытию я отдаюсь,
Нас больше ничего не свяжет,
Я тихо с вечностью сольюсь…

HAPPINESS

Are you happy? Can we measure happiness?
Are you truly satisfied with your life?
Do you have problems with your selfishness,
Are you going to divorce your wife?
Do you think possibly that your happiness
Reflects a level of your success?
You delude yourself, a breathlessness —
That's the price you'll pay for the stress.
Do you want to shield yourself from pain,
To find happiness in solitude?
How long will that king tranquilly reign,
How quickly he'll discover that the King is nude.
Man, you have an insatiable nature.
You're pursuing a goal like a passing ghost.
Among living beings you are a restless creature
Grasping too slowly that you are lost.
Happiness is a rivalry between wish and chance,
A hidden Beauty with an irresistible charm.
Are you ready to taste the flavor of dance?
I'm Happiness... Give me your trembling arm!

СЧАСТЬЕ

Доволен ли ты жизнею своей,
Какою мерой измеряют счастье?
Как избежать семейного ненастья,
Отцов решить проблему и детей?
Возможно, счастье – это твой успех,
Когда все силы отданы работе,
Не видя света, вечно быть в заботе,
Сходить в театр – недопустимый грех!
Быть может, счастью ближе эта роль:
Забыть про всё, уйти, уединиться…
Но сколько счастие затворника продлится
И не окажется ли голым наш король?
О, человека ненасытная натура,
Грызёт его всепоглощающая страсть:
Успех, престиж, коварство, деньги, власть,
Смешна порою счастия фигура!
Как примирить нам цель и результат
И как примерить ритм и метр станса?
Я – ваше Счастье, приглашаю к танцу…
Жизнь гармонична! Счастью нет преград!

HOW IS IT POSSIBLE?

How is it possible
That every burst of emotions,
All the deep secrets of love
Will disappear with you?
Catch every moment
Of your life and enjoy!

УЖЕЛЬ ТАК МОЖЕТ БЫТЬ?

Ужель так и умрёт
Со мною мир священный,
Ужель так и уйдёт
Порыва миг блаженный,
И таинство любви,
И трепетность дыханья?
Лови, мой друг, лови
Минуту расставанья!

PARADE OF LIFE

Everything is passing by.
I gave to my beloved
All my silver and gold.
I sent my knight's armor
Into a museum and forgot about
The knight's tournaments.
I lost my love's ardor. Nevertheless
I am still a soldier of Muse.
I wrote a lot of words
About my youthful days.
It's time to open the door
Into another world.

ПАРАД ЖИЗНИ

Проходит всё… И серебро, и злато
В мятежной юности давно уж раздарил,
С возлюбленными щедр всегда я был,
Златые дни, к ним больше нет возврата!
В музей отправил рыцарские латы,
О боевых турнирах позабыл,
Хотя любовный пыл уже остыл,
Ещё служу у *Музы* я в солдатах.
О днях былых нередко говорил,
Им посвятил уже немало песен,
Но всё проходит, мир земной стал тесен,
И двери вечности я тихо отворил.

HOPE

I still have hope to live leisurely
That my best time is yet to occur,
That we cannot allow ourselves to be dreary
When rains will come again.
There is a deciduous September.
Every morning dense fog hides among wet glens.
Sometimes the sun appears,
And a giddy butterfly becomes happy!
It flies without a care!
How sweet is an illusion!

НАДЕЖДА

Ещё надеюсь я, живу неторопливо,
Что лучшие деньки настанут впереди,
Что нужно постараться быть счастливым,
В унынье не впадать, когда пойдут дожди.
Сентябрь на дворе, начало листопада,
В лощинах поутру уж стелется туман,
А бабочка теплу несказанно так рада,
Летает беззаботно…Как сладостен обман!

FORGOTTEN HOME

When morning comes
The sunbeam irradiates
My empty home
With a spider in the dark corner.
All the space of my forgotten home
Is full of sadness.
Only my soul wanders every night
Like a ghost inside of my forgotten home...

ЗАБЫТЫЙ ДОМ

Когда утро наступает
И в пустой вползает дом,
Лучик света освещает,
Тёмный угол с пауком.
Грустью воздух весь пропитан,
И в шкафу пылится том,
Всё прошло, всё позабыто,
Жизнь давно угасла в нём.
И душа в потёмках бродит
По ночам, как домовой,
Никого там не находит,
Стал мой дом совсем другой…

NAMES

My God, our life is too short,
And you'll perhaps never understand
That your progeny will find you
Only by your own name!
The life of a flower also is very short.
But if it has a name,
Everyone from East and West
Will find this beautiful flower as the *Rose.*
Our life is the miracle!
Therefore, let's create our own *Names,*
And we'll stay in the memories
Of future generations!

ИМЕНА

О, господи, жизнь наша коротка,
Едва ли успеваешь осознать:
По имени тебя другим сыскать,
Хотя явился ты издалека.
Недолгая жизнь под солнцем у цветка,
Но если назван Именем цветок,
Его найдёт и запад и восток,
Он не умрёт, вот вам моя рука!
Пусть больше не теснит тебя тоска,
Жизнь нам, как чудо, лишь на миг дана,
Так сотворим себе же Имена,
Бессмертной пусть останется строка!

SOMETIMES I THINK

Sometimes I think
Who will need my poems with all these tears?
Nobody cares today about poetry.
Why are you writing, who will know
How you did nurture the flower of your poetry?
Life is running, it is time to summarize what you did.
How do poets find the wings of eternity
When everything is vanity?
Enough to philosophize after midnight!
Day is dawning, it's time to fall asleep...

ПОРОЮ МЫСЛЬ МЕНЯ ОДОЛЕВАЕТ

Порою мысль меня одолевает,
Сакраментальный задаю вопрос:
Кому нужны потоки этих слёз,
Ну а стихи…Кто их теперь читает?
Что зря стараться, вряд ли кто узнает,
Как ты пытался свой взрастить цветок,
А дни летят, и вот уже итог
Жизнь подводить упрямо заставляет.
Как крылья вечности поэты обретают,
Когда ничто не вечно под луной?
Что рассуждать нам в темени ночной,
Смежает веки сон, поди, уже светает…

PENSIVE SUMMER EVENING

The hot day was over. Sunset came.
A grasshopper songs continuously.
Night fell. There was silence everywhere.
Moon appeared in the night sky.
Accept your pride of place.
Let's remember when spring
Was in blossom, when everything
Was so easy to solve!

ЗАДУМЧИВЫЙ ЛЕТНИЙ ВЕЧЕР

День жаркий угасал. Смеркалось…
И ласковый закат ещё алел,
Темнело небо, ночь уж надвигалась.
Всё затихало, и порой казалось,
Что вечный приближается покой,
Мятежную ты душу успокой,
Смири гордыню, что ещё осталось?
Жизнь отшумела, тяжесть и усталость
В наследство нам оставила она…
Очнись, старик! Уже вот и луна
В послезакатном небе показалась.
Давай-ка вспомним, как весна смеялась,
Как некогда в такой же тишине
Не мог на миг подумать ты о сне,
Всё так легко когда-то разрешалось!

THE AUTUMN LOOKS AT ME SADLY

The autumn looks at me sadly dropping its yellow leaves.
It says that I am not young, my hair is gray,
It is time to be an even-tempered person.
Oh my God! Autumn, you are so dreary, full of rain!
Do you remember when you were a hot summer,
Do you remember when you were a green spring,
Do you remember how you liked the light?
What happened to you? Your life changed considerably!
Look at the swamp where you are sitting!
Where is your former beauty,
Where are your dreams of youth?
Our paths are different now,
We cannot understand each other anymore.
You are ready to become covered by a blanket of snow,
But I am going to meet my spring again!

С ГРУСТНОЮ УЛЫБКОЙ СМОТРИТ ОСЕНЬ

С грустною улыбкой смотрит осень,
Осыпая жёлтою листвой,
Мол, тебе уже не двадцать восемь,
Уж пора, дружище, на покой.
Голову твою посеребрило,
И давно б умнее нужно быть…
Осень, до чего же ты уныла,
Всё б тебе дождями только лить!
Ты была ведь тоже жарким летом,
Ты была цветущею весной,
Помнишь, как ты упивалась светом,
Господи, что сделалось с тобой?
Жизнь тебя болотом засосала,
И ушла былая красота,
Опустело всё вокруг и голым стало,
И угасла юности мечта.
Разошлись с тобой наши дороги,
Больше нам друг друга не понять,
Ты могильные себе готовишь дроги,
Ну а мне весну ещё встречать!

WEEPING WILLOW IN APRIL

I am looking sadly at the weeping willow
Who drops her tears into the river.
I think how close we are:
The same tears, the same fates.
We both feel lonely,
Without love, without hope...
How many Aprils will we meet
With our drooping branches?

ПЛАКУЧАЯ ИВА АПРЕЛЯ

Я смотрю на отраженье ивы,
Плачет ива вечными слезами,
Её всегда хотелось быть счастливой,
Свои слёзы здесь не лить часами.
Что роднит нас, ива, я не знаю,
Видно, что одни у нас печали.
Нет страданьям ни конца, ни краю,
Нам свиданья здесь не назначали.
Птицы сладких песенок не пели,
Ветры дни бесследно уносили,
Сколько нам ещё встречать апрелей,
Что ж мы ветви долу опустили?

LIFTING OVER THE WAVES OF VAGRANT THOUGHTS

Lifting over the waves of vagrant thought,
Drifting downstream of former crowded days,
Keeping all in your memory you ought
To choose one road among numerous ways,
To find that moment which soothes your poor soul,
Across the side streets of your dreams,
Slipping away, the search for your goal
To have faith and hope although hopeless it seems.

БРОДЯЧИХ МЫСЛЕЙ ПЕННАЯ ВОЛНА

Бродячих мыслей пенная волна,
Плыву я за тобою по теченью,
Событьями жизнь прошлая полна,
Дни в памяти теснятся и мгновенья.
Как отыскать единственный тот миг,
Который в сердце отзовётся гулко,
Когда ты жизни истину постиг,
Шагая по забытым переулкам.

AS IN OLD DAYS I FEEL THE POPLAR'S SMELL

As in old days I feel the poplar's smell,
The bitter scent which still disturbs my soul,
The wine of sadness filled that ancient bowl
With a terrible mixture of paradise and hell.
I hear yet the sound of that bell,
And I remember every sunny day,
I also remember when you passed away,
I feel again the bitter poplar's smell...
Devoted love, you were my citadel,
You were my serene, my reliable haven,
Your soul flies somewhere in blue heaven,
And I am locked in an eternal cell...

ОПЯТЬ, КАК В ПРОШЛОМ, ПАХНУТ ТОПОЛЯ

Опять, как в прошлом, пахнут тополя,
Из чаши горечи вино я снова пью,
Тебе, глотая слёзы, говорю:
Пусть будет пухом для тебя земля.
Вновь слышу колокола похоронный звон...
Я каждый день хранил тебя как клад,
И лучших в мире не было наград,
Теперь в душе остался тяжкий стон.
Была ты для меня как цитадель,
Надёжной гаванью была ты для меня,
Печального не позабуду дня,
Всё кончено, исчезла жизни цель...

PERHAPS WE'LL MEET EACH OTHER ONCE AGAIN

Perhaps we'll meet each other once again,
When time stops running, and the seas are dry,
We'll find each other like we never died,
We'll meet each other during silence reign.
We'll meet each other counting links of chain,
Endless chains which were lost in an ancient past,
After long separation we'll meet at last,
And say to each other: nothing was in vain!

БЫТЬ МОЖЕТ, СНОВА ВСТРЕТИМСЯ С ТОБОЙ

Быть может, снова встретимся с тобой,
Когда не будет время так бежать,
Когда моря начнут пересыхать,
Там, в царстве сна отыщем свой покой.
Мы встретимся, чтобы начать считать
Все звенья бесконечной той цепи,
Которая лежала на пути,
И скажем, что не зря пришлось страдать!

WHEN YOU ARE STARING AT THE FLOOR

When you are staring at the floor,
When you have such a terrible mood,
When your dumb head is hard as wood,
When you always cry: "Nevermore!"
When you don't believe in your success,
When you think that happiness is an illusion,
That life is circumstances' fusion,
Change your old dirty faded dress!
Chase out of the room this endless stress,
It is time to wake up, there is no rain,
And use again your withered brains,
You are still a human being, I guess!

КОГДА СИДИШЬ ТЫ, ГЛЯДЯ В ПОТОЛОК

Когда сидишь ты, глядя в потолок,
Когда весь в думы мрачны погружён,
Когда вся жизнь, будто сумбурный сон,
Когда не варит больше котелок,
Когда не веришь больше ты в успех,
А счастие – иллюзия, не больше,
Пришла пора отправить к чёрту всех!
Такая жизнь не может длиться дольше,
Гони долой свой бесконечный стресс,
Ты сыт по горло хмурыми дождями,
Проснись скорей, пошевели мозгами,
Ещё взлететь сумеешь до небес!

WITHERED AGE

The fiery wings of imagination
Are trying to carry out of the locked cage.
There is an endless war on life's stage
Between humdrum existence and inspiration.
How fragile are twigs of a withered age
When our feelings are like a mossy stone.
We are forgotten, we are alone.
The drama develops: there is no one written page...

ПОРА УВЯДАНИЯ

На огненных крыльях воображенья
Покинуть железную клетку желаем,
Вся жизнь наша – сцена, мы вечно играем,
Смешалось здесь всё, суета, вдохновенье!
Под старость становятся ломкими ветки
И слёзы роняют усохшие ивы,
На старости лет плохо всем и тоскливо,
Лесок понемногу становится редким…

PEACE IN THE 21st CENTURY

The bloody twentieth age,
An insoluble paradox –
A black box
Of an old mental cage.
Our memory is too short,
An incredible phenomenon!
What will be the verdict of History's Court
About life: "off" or "on"?
Years run after years,
Now is coming deadline.
Are you ready again for tears?
Tell me honestly, mankind!
Are you ready again for the war,
Hot or Cold,
Just say the word:
Where are you going, world?
People – politicians, businessmen,
Scientists and poets,
Let's reject our former distrust,
Let's write a new poem
About Peace, Wisdom, and Trust!

МИР ДВАДЦАТЬ ПЕРВОМУ ВЕКУ

История ничему не учится,
Разве может такое быть?
Мы рождены, чтобы мучиться
Или всё-таки, чтобы любить?
Такие сладкие речи:
Мир, свобода, покой!
Но трясутся от страха плечи,
Когда бомбы над головой.
Сложила история в ящик
Кровавый двадцатый век.
Кто мы, люди иль ящеры?
Остановись, человек!
Год убегает за годом,
Короткий отпущен срок,
Кто будет делать погоду
На развилке веков и дорог?
Останется ль всё, как прежде,
В потоке столетий и рек,
Засветит ли снова надежда,
Скажи, двадцать первый век!
Политики и бизнесмены,
Учёные и поэты,
Скажите, какую цену
Нам заплатить за это?
Отбросить пора недоверие,
Забудем былые обиды
И приоткроем двери
В сады Семирамиды!

THE PEACEFUL DAY

There is nothing so nice and splendid like spring:
White snowdrop's birth, first swallow's wing!
The echoing forest is gorgeous, green,
A scene filled with silence, so peaceful, serene,
The birds are chirping: spring, early spring.
Waters of brook purled quiet downstream,
Be happy, my love, unforgettable dream!

МИРНЫЙ ДЕНЬ

Что может быть прекраснее весны?
Проснулся белый поутру подснежник,
Холодные забывши зимние сны,
Леса очнулись, зеленея нежно.
Всё дышит миром, лаской, тишиной,
Журчит ручей, щебечут тихо птицы,
Моя ты радость, как тут не влюбиться,
Когда пахнуло раннею весной!

MIAMI BEACH

I remember spring early morning,
The breath of the ocean and humid sand,
Ruptured clouds, foamy waves are moaning,
Is it the Beginning or maybe the End?
Monotonous water is humming,
It must have sounded so many times,
When there was not here *Miami*,
In complete indifference to our death and life…

МАЙАМИ – БИЧ

Вспоминаю холодное утро апреля,
Океана дыханье и влажный песок.
Волны стонут устало, кто может проверить:
Это жизни Начало иль жизни Итог?
Бьются воды в своём бесконечном движеньи,
И какое им дело, что станется с нами!
Монотонная песня на все поколенья,
Когда не было здесь никакого *Майами*...

SAD CHRISTMAS MEMORY

Christmas, it is time to remember
All my friends whom I know.
Merry Christmas! December,
Fluffy white snow.
Christmas, there is clinking silence,
Fireplace, guests, my wife…
Where are you now, islands
Of previous happy life?
Christmas, a lot of presents,
And turkey familiar smell,
My memory drinks from pleasant,
Unlimited wealthy well…

ГРУСТНЫЕ МЫСЛИ ПОД РОЖДЕСТВО

Время памяти тех,
Кого нету со мной...
Валит хлопьями снег,
Воздух дышит зимой.
И повисла над миром,
Стоит тишина,
Смолкла верная лира,
Где друзья, где жена?
Тают прошлого дни,
Как в туман острова,
Угасают огни,
Пожелтела трава.
Всюду ёлки, подарки,
Рождественский гусь...
Новогоднею чаркой
Заглушу свою грусть.
Память капли холодные
Прошлого пьёт,
Кружат мысли свободно,
Да снег всё идёт...

TUMBLEWEED

Tumbleweed, prickly ball,
Why are you tumbling, why?
Are you looking for the wall
Under the wind-swept sky?
Are you looking for the rest
After a long run?
Are your ready for the nest
Under the scorching sun?
A stubborn wind is blowing
Day after day.
Where are you going,
Tumbling away...

ПЕРЕКАТИ-ПОЛЕ

Перекати-поле,
Колкие шары,
Катятся на воле,
Вянут от жары.
Дует, дует ветер,
Ветер-суховей,
Мы одни на свете,
Пожил, не жалей!
В неприметной балочке
Свой закончим путь,
Лишь по пьяной лавочке
Вспомнит кто-нибудь...

APPEAL TO A POET

Don't worry about wreath of laurel,
Save forever your crown of thorn.
Life is a beautiful, splendid coral
Full of invisible hidden moans.
Are you ready to find the forces
To jump through the ages and burn the hearts?
Remember that poets are working horses
Drawing a brilliant chariot of arts!

ОБРАЩЕНИЕ К ПОЭТУ

Не почивай, поэт, на лаврах,
Терновый примеряй венец,
Ты вечный труженик, боец,
Пускай другие бьют в литавры!
Найди божественные силы,
Промчись квадригой сквозь века,
Добейся, чтоб твоя рука
Сердца навеки покорила!

LIFE

Everything what nature has built –
Bottomless sky, blue and white,
Black fallow spring field,
First swallow swift flight,
A ripe bunch of grapes,
A crimson delightful sunrise,
Tell me who that creates?
How does it all arise?
Longing love's liqueur,
Broken heart's grief,
Why this always occur,
Have a soul anew, believe?
Our life is a dense jungle,
Covered by mystical veil,
Full of promises and juggles,
An enormously excitable ale!

ЖИЗНЬ

Всё что даровано природой
И что зовётся жизнью нашей,
Даль голубая небосвода
И чернота весенних пашен,
Среди проталины – подснежник,
Гроздь золотая винограда,
И алого восхода нежность,
Тебе даровано в награду.
Надежд разбитое молчанье,
Души измученной прозренье,
Уст нежных первое лобзанье,
Любви пьянящее томленье.
Как в джунглях, мириады нитей
Соткали жизни нашей полог,
Мир удивителен и полон
Непредсказуемых событий!

DIVINE ODE TO ETERNAL LIFE

Life is glorified by Ode without end
Going from buds to the brown mortal leaves.
Time converts the Present into the Past like a sand
Which pours smoothly through a little sieve.
A poet is the mirror of a changeable world
Amid the reality and illusory myth.
He divulges the enigma of a hidden words
And tries on the brightness of a laurel wreath.
Through the ages, again and again
Homer and *Dante*, *Shakespeare* and *Donne*
Told people about sadness and pain,
Eternal love and crimson dawn.
Now the beginning of the new millennium came,
New poets awaken, they gaze through a veil
Of unfamiliar world, but the life is the same,
A beautiful, gorgeous, long-lived fairy tale,
The endless book with unknown end.
The Past is restored, gallant knights are reborn.
Time runs continuously scattering sand.
The bright star is fading, and comes a new morn!

БОЖЕСТВЕННАЯ ОДА ЖИЗНИ

Жизнь прославляется Божественною Одой,
Бежит, струится время как песок.
Разумно всё устроено природой
От ранней почки до могильных дрог.
Поэта долг быть жизни отраженьем,
Связать узлом единым мир и миф,
И чару слов, и таинство движенья
Познать, когда вершины он достиг.
Всё сказано давно уже другими,
Гомер и *Данте*, *Шекспир* и мистик *Донн*
Воспели боль утрат, любви святыни,
Приход рассвета, горесть похорон.
Но жизнь течёт, и всё опять в движеньи,
Тысячелетье медленно ползёт,
Придут поэтов новых поколенья,
Любовь воскреснет, роза расцветёт.
И Одой Жизни будут славить вечно,
Предложат дамам рыцари сердца,
Пески струятся, время быстротечно,
Твоя звезда пусть светит до конца!

MELODY OF LIFE

There is an early morning, the birds are singing,
Waters of the brook purled downstream,
Bluebells in the meadows are silently clinking,
Are they talking about something?
Scared waves tell to the wet pebbles
A very long story about a gust,
How fast had arisen this terrible rebel,
How hard to find a shore at last.
When a cold rain in the darkness of evening
Taps continuously at the window panes,
Does man understand what those tears are meaning
About suffering, torments and pains?
Man cannot adopt the language of nature,
He doesn't understand what the night wind says.
But only his wisdom is so bright, so mature
That he can create unforgettable plays.
He grasps the meaning of life's sounds,
That play upon the feelings of a sweetheart,
And he is becoming the conquer of mounts,
Which are approachable for the Fine Art!

МЕЛОДИЯ ЖИЗНИ

Птичка ранним утречком поёт,
Ручеёк бормочет что-то лесу,
Солнце светит, облачко плывёт,
Сено просыхает под навесом...
Тёплая, ленивая волна
Плещется устало под скалою,
Говорит ли что-нибудь она,
Делится ли с кем своей судьбою?
Дерзкий ветер тёмной ночью бьёт
Каплями холодными по раме,
Стонет, непрерывно слёзы льёт
О своей житейской бурной драме.
Не понять природы странных слов,
Тайный смысл неведомого звука,
Сможем ли мы приоткрыть покров
И постичь премудрую науку?
Лишь тебе доступно, человек,
Овладеть божественным искусством,
Покорить сердца людей навек
И наполнить эти звуки чувством!

TORNADO OF WAR SPREAD AROUND THE WORLD

When hot and cold winds collide,
Tornado appears, violent and wild.
That funnel-shape huge mushroom
Spreads into fields like a devil fume.
This roaring whirlwind with endless noise
Looks as a fearsome monster with mortal voice.
Blind evil forces bring death and woe,
But wise mankind, where will you go?
People are religious, they know God's law,
And with this knowledge create the war!
Through a violent past, through the generations
It can be seen the moan of nations.
The voice of wisdom does not learn,
And war's tornados back return.
Eternal battle of Death and Life…
Let's hope that Peace will still be alive!

ВОЙНЫ ТОРНАДО БРОДЯТ ПО ПЛАНЕТЕ

В тёмном небе два грозных потока столкнулись,
Завертелась воронка, родился ужасный торнадо.
И внезапно все скрытые силы проснулись,
Над землёй распростёрлось чудовище ада.
Грозно воет над миром взбесившийся ветер,
Вихри мчатся, вращаются с дьявольской силой,
Жизнь взорвалась, на белом всё рушится свете,
В одночасье живое уходит в могилу.
Беззащитное перед тёмною силой природы,
Что же ты, человечество, мудро решило?
Не боишься богов, само хочешь ты делать погоду,
И торнадо войны для чего-то себе сотворило.
Бродят монстры по нашей планете веками,
Разум спит, только стонут от горя народы,
Так воспряньте же духом, помогать себе будем мы сами,
Пусть засветится мир, наконец, под лучами свободы!

I WISH I WERE A LINE IN THE BOOK OF ETERNITY

I came to this violent world
To live in the glory of love,
To tell you my cordial word,
To bring you peace like a dove.
I wandered too long
Being tested by mankind's grief,
I am fed up with sorrowful song
About a lonely torn leaf.
I came to be with all
From sunrise until sunset,
From spring to a fading fall,
And I'll never ever forget
Fragrant scent of the fresh hay,
Juicy flavor of orange's gold,
Heavy traffic of the stuffy freeway,
Heaven vastness of perpetual world.
I hear the creak of tall pine
Near murmuring sparkling brook,
I wish I were a line
From the page of Eternity's Book.

ХОТЕЛ БЫ СТАТЬ СТРОКОЙ Я В КНИГЕ БЫТИЯ

Я пришёл в этот мир беспокойный,
Пробудить чтобы в людях любовь,
Чтобы жили народы достойно,
Не лилась чтоб невинная кровь.
Насмотрелся я горя немало
На своём невесёлом пути,
Человечество, ты не устало
Заунывный мотив свой вести?
Я пришёл, чтобы вместе со всеми
Насладиться росою рассвета,
Любоваться чтоб травкой весенней,
Проводить чтобы позднее лето,
Подышать чтобы запахом сена
Из стогов, что бегут вдоль дороги,
Чтоб прочувствовать бездну вселенной,
Сотворили которую боги.
Задремал под скрипучей сосною
Я под плеск небольшого ручья,
О, как хочется стать лишь строкою
Мне в одной из книг Бытия...

DO YOU HEAR ME, MANKIND? I AM DYING *SEQUOIA*

I am *Sequoia*, five thousand years old,
The oldest living being.
Do you hear me, mankind? I hold
In my memory an eternity's wing.
One million eight hundred twenty five thousand days
I was happy and upset
To meet the first morning rays,
To say farewell to sunset.
I am like an ancient monument
Turning millennium pages,
I have heard right words about Peace Dove,
Followed unfortunately by war's drum.
I thought about the numerous dead,
The victims of a multitude of wars,
I became inconsolably sad
With a situation that grew worse and worse.
I kept the history of the world in my mind,
I am the same age as *Sphinx at Gaza*, pyramids of *Maya*…
Can I believe in wisdom, mankind,
Or my destiny to be dying *Sequoia*?

ТЫ СЛЫШИШЬ МЕНЯ, ЧЕЛОВЕЧЕСТВО? Я – УМИРАЮЩАЯ *СЕКВОЙЯ*...

Я – *Секвойя*, мне пять тысяч лет,
Мудрейшее древо на всём белом свете,
Храню в своей памяти я каждый след
Всех живущих и живших на этой планете.
Миллион восемьсот двадцать пять тысяч дней
С радостью утра и грустью заката...
Только с каждым мне годом трудней и трудней
Уживаться с растущею болью утраты.
Как старинный поблекший стою монумент,
И листаю ушедших столетий страницы,
Неужели печальный твой эксперимент,
Человечество, грустно опять повторится?
Обещают религии рай и любовь –
Иудаизм, христианство, ислам...
Отчего же тогда проливается кровь,
Отчего ж Голубь Мира не явится нам?
Я скорблю о бесчисленных жертвах войны,
К матерям сыновья не вернутся домой...
Мои мысли о людях тревогой полны,
Мои слёзы становятся горькой смолой.
Я – древнейшее древо, ровесница всех пирамид,
Как античный я *Сфинкс*, я – страдающий *Гойя*,
Почему ж, человечество, разум твой спит,
Умереть или выжить прикажешь *Секвойе*?

OUR LIFE IS A LONELY ISLAND

Our life is a lonely island
In a boundless storming ocean,
A tiny piece of forgotten mainland
With a heavy load of emotions.
There are not a lot of bright days,
The grey sky is full of clouds,
Monotony without Sundays,
The coast is vanished in a foggy shroud.
I does not matter how many voyagers
Will come and touch your shore,
Life is cloudy, get soaked by moisture,
A lonely island ever more…

НАША ЖИЗНЬ – ОДИНОКИЙ ОСТРОВ

Наша жизнь – одинокий остров
Посреди беспокойного моря,
Дует ветер пронзительно-острый,
Подвывает горюшко-горе.
Всё туманы да серые будни,
Редко солнышко к нам заглянет,
День прошёл, что-то завтра там будет,
Жизнь от этого легче не станет.
И неважно какие шхуны
Отдавали свои швартовы,
Одиночества вечные струны,
Вот удел, что нам уготован...

APRIL IS A GOOD TIME TO DIE

April is a good time to die,
When the early spring is coming,
When the first bee is humming,
And a lark sings in the blue sky.
April is a nice month, fragrant and calm,
Weaving the wonderful carpet,
How beautiful is flower's market:
Violets, daisies and pansies realm!
This is the month of holy Passover and Easter,
When every flower fell in love,
An eternal song of the cooing dove,
Earth's burst of endless fiesta!
April is a good time to die
Somewhere close to a desert border,
Where life meets with death to order
God's law of nature, not answering, why…

ХОРОШО УМЕРЕТЬ В АПРЕЛЕ

Хорошо умереть в апреле
На пороге ранней весны,
Когда жаворонка трели
Из далёкой летят вышины.
Одуряющий запах цветенья,
Маргаритки, анютины глазки...
По лужайкам соткали растения
Нам ковры из загадочной сказки.
Гимн любви в каждой малой травинке,
Пасху празднуют благостно люди,
Жизни – радость, а смерти – поминки,
Так во веки веков всё и будет.
Хорошо умереть в апреле,
Где-нибудь у старой межи,
Где трава прошлогодняя преет,
Где встречаются смерть и жизнь.

SUNSET OF LIFE COMES

Sunset of life comes, what is at hands?
A day of the past looks like a rustled leaf.
It is the time to accept the dwindling sand
And to check each bit in the house where you live.
It is time to think in silence near fireplace,
Sit down quietly to summarize the last,
Allot the joyful and disgraceful days,
And let your fancy soar like a ship's mast.
Look at the world again, whereupon remember:
You are an artist, you have a brilliant choice
To decorate your former life with amber,
To spend the time to speak your genuine voice.
You found the word, you have built an image,
But, oh my God! The moment when you knew it
The charm is lost, on the stage is rummage,
Unfortunately there is no more benefit.
That is the life from sunrise to sunset,
An endless mixture of the truth and myth.
Don't worry, man, and please, don't forget:
Only of One of millions merits the laurel wreath!

ЖИЗНЬ КОРОТКА, ПРИШЛА ПОРА ЗАКАТА

Жизнь коротка, пришла пора заката,
Проверить нужно постаревший дом.
Под шелест лет припомни, как когда-то
Была весна, и всё бурлило в нём!
Но дни бегут, присядем у камина
И подведём души своей баланс,
Вся в прошлом лучшей жизни половина,
Но всё ещё скрипит твой дилижанс.
Ты не грусти, окинь всё трезвым взглядом,
Ведь мы артисты, не потерян шанс,
Что ты пройдёшь по площади парадом,
Ещё споёшь любимой свой романс!
Ещё ты жив, и золотое слово
Несёт в шкатулке королевский паж,
Зал рукоплещет, но уже основа
Вновь пошатнулась, и опять – мираж...
Что ж, не печалься, таковы законы
Текущей жизни: всё проходит в срок.
Безвестных тьма, средь сотен миллионов
Один несёт свой лавровый венок!

HOMELAND

I am in repose on the soft haystack,
Resting joyfully on golden straw,
I am plunged into nirvana back,
I am in dreams where I were never before…
The hot wind brings a scent of bitter wormwood,
The fluffy clouds move slowly in the sky,
And your thoughts go back to childhood,
You are dissolved, you are ready to cry!
You feel the tenderness of July's sunrays,
You pray again to realize an endeavor
To keep in mind those blessed hours forever
When you have rested surrounded by hays...

НА РОДИНЕ

Я лежу на золотой копне,
Развалился вольно на соломе,
Я в какой-то неземной истоме,
То ли в яви, то ли в полусне...
Что-то ветер напевает мне
О полыни, о родимом доме,
О седых, волнистых ковылях,
О плывущих в небе облаках...
Ничего не нужно в жизни, кроме
Тех часов, когда лежал в стогах,
Тех минут, когда тонул в мечтах
Я в июле жарком на соломе...

GLORY

To set out in pursuit of fickle glory
Is a common purpose of conceited people.
These restless runners are getting hoary/
But their goal has vanished like a morning ripple.
Maybe one will reach the desirable throne
Decorated by precious stones and gold.
Euphoria has passed, he is forgotten, alone…
The yellow devil is heartless and cold!

СЛАВА

В погоне за пустой, капризной славой
Бегут всю жизнь, когда ж седая прядь
Появится, уже другие нравы,
И нет сил больше всё начать опять.
А если кто-то и пробьётся к трону,
Недолго и его звезде сиять,
Так трудно славы удержать корону
И в прятки с жёлтым дьяволом играть!

THE LAST DAY OF WINTER

There are no more winter chain,
The old ice slowly melts,
There are no shackling belts,
You see the drizzling of the first rain.
And a cheerful brooks drain
Through the heavy settled snow,
What a pleasure to hear droplets refrain
From thawing icicles in a row.
I like this turbid flow
Of violent spring's reign,
When a weakened winter wanes,
And proudly caws the crow!

ПОСЛЕДНИЙ ДЕНЬ ЗИМЫ

Последний день зимы,
Усталый тает лёд,
Снега обречены,
Весна идёт, идёт.
Пусть тяжесть холодов
В глухие канет сны,
Цепей нет и оков,
Снега обречены.
Не одолеть весны,
Её весёлый бег
Растопит скоро снег,
Мосты все сожжены!
Всё капает, течёт,
Под солнышком всё тает,
Ворона, каркая, летает,
Прощай, зима, весна идёт!

THROUGH SHIFTING SANDS OF REMEMBRANCE

Through shifting sands of remembrance
I sneaked into my childhood.
I found a familiar path…What a dissonance!
My cuckoo did not more cuckooed.
Why I cannot find anything more, why,
My ravine is overgrown with weeds…
My picture makes me cry:
Where is my childhood indeed?

ПО ЗЫБУЧИМ ПЕСКАМ

По зыбучим пескам я иду здесь и там,
Пробираясь в далёкое детство,
И знакомых тропинок следы отыскав,
Я с тоскою гляжу на соседство.
Отчего же на сердце такая печаль?
И глаза мои, полные влаги
Всё глядят и глядят в непроглядную даль,
Заросли где бурьяном оараги...

ONNESS AND WHOLENESS

All things which in the world exist,
From electron to radiation
Are innumerable combinations
Of substance which consists
Of hidden reason in Holy List
During eternal creation
Without any limitation
Of galaxies endless twist…

ЕДИНСТВО МНОЖЕСТВА

Всё, что существует в мире,
От электрона до излучения,
Это непрерывное изменение
В бесконечном эфире
Некоторой единой субстанции,
Которая непрерывно множится,
Создавая великое множество
Галактик, пляшущих в танце...

COMELY DAUGHTER OF *CRIMEA*

Maybe the light and fire are your mother,
Or probably you rose from a marine foam,
Nobody knows, but you are quite another,
Crimea will stay your eternal home.
Your roots were here, it must be understood,
It is all yours: the mountains blue serene,
The crimson poppy, a scent of bitter wormwood,
A silent *Black* sea, a scarlet sunset scene.
There is exists another continent,
But I prefer to stay forever here,
In unforgettable my *Promised Land*
With a comely daughter of *Crimea*.

ДИТЯ *КРЫМА*

Ты родилась из пламени и света,
А может вышла из морской волны,
Впитав в себя все ароматы лета,
Загадку звёзд, задумчивость луны.
О, *Крыма* дочь, куда б ни уезжала,
И что б с тобой ни делали года,
Ты у любого здешнего причала
Свой якорь можешь бросить навсегда!
Здесь всё твоё, и всё твоим осталось:
Далёких гор загадочная синь,
И моря *Чёрного* вечерняя усталось,
И алый мак, и горькая полынь.
Другие есть материки и страны,
Но дорог этот мне клочок земли,
Кусок *Земли моей Обетованной*,
Который *Ниной Крымской* нарекли!

BY ACCOMPANIMENT OF THE SURF'S SPLASH

The summer sun shines in the sky,
With sparkling splash the surf sings,
I am inside of sea-foam with my smiling guy,
I'm ready to soar on my white wings!
I cannot describe how I relish the bliss,
The faint words are pale and helpless,
When my heart is full of celestial anguish,
And when your love is so endless!
We soared together in glittering air
With tears of gladness, with whispering lips,
And nobody knew what has happened and where,
Oh, euphoria, you give joy, bit by bit!

ПОД БРЫЗГИ ПРИБОЯ

Весёлыми каплями солнце играло,
И душу девятый захлёстывал вал,
Солёной волною меня обдавало,
А ты улыбался и вновь целовал!
Ну как описать эту музыку рая,
Когда повисают бессильно слова,
Летишь в поднебесье и там умираешь,
И томно кружится твоя голова!
В сверкающем мире парили мы двое,
И слёзы лились, и сливались уста,
Той летней порою под брызги прибоя
Миф ожил, реальностью стала мечта!

I CANNOT IMAGINE FOR THE MOMENT

I cannot imagine for the moment
That all I wrote will disappear,
And no off spring will ever comment
On what I look and what I hear,
Will never touch a life-giving stone
With a heart beating indication,
I cannot imagine to be alone,
Like a cemetery dry carnation.
I cannot imagine I never met you,
There is gray ash instead of fire,
Oh, this dim time that will subdue
Any advance, any desire.
I kiss your marble quivering shoulder,
I am so delighted, I am so fused,
Oh, *Galatea*, my devoted *Muse*!
And let eternity will close this folder!

КОГДА ПРЕДСТАВЛЮ НА МГНОВЕНЬЕ

Когда представлю на мгновенье,
Что я плыву рекою *Леты*,
Что создано в час вдохновенья,
Не бродит где-нибудь по свету.
Когда другие поколенья
Не ощутят как мёртвый камень
Сердечный порождает пламень
И чувств возвышенных томленье.
Когда представлю на мгновенье,
Что одинок я словно ветер,
Что прожил жизнь, любви не встретив,
И вместо вечного горенья
Костёр угасший, углей тленье,
И всё едино, день иль вечер...
Целую мраморные плечи,
О, *Галатея*, ты моё творенье!

Chapter 4 - CALIFORNIA

CALIFORNIA

We drive day after day
Along the ocean, among dry hills
Changing cities, crossing freeways,
Turning tirelessly our wheels.
We forgot about the tourist guide –
Golden Gate Bridge, Disneyland,
I discover the primordial, wild
Unpredictable desert land.
Oh, my dream, realized *El Dorado*,
Everything in your life you require,
But there are still earthquakes, floods, tornado,
Even a dangerous brush fire…
San Diego, Santa Barbara , Santa Maria,
Sacramento, San Francisco, Santa Cruz…
How different are you, *California,*
You can be violent or you can soothe.

КАЛИФОРНИЯ

День за днём свои мили глотаю,
Колеся серпантином дорог,
Калифорнию я открываю,
О которой и думать не мог.
Диснейленд, Мост Золотые ворота,
Роз-парады и *Голливуд*...
За туристскими поворотами
Я другою жизнью живу.
Я встречаю твои рассветы,
Открываю своё *Эльдорадо,*
Место райское, лучшего нету:
Наводненья, пожары, торнадо...
Волны катятся вал за валом,
Океан встречает зюйд-вестом,
В белой пене далёкие скалы
Под венец идут как невесты.
Сан-Франциско, Санта Барбара, Сан Диего,
Нескончаемых гор симфония...
Жар пустынь пополам со снегом,
Удивительная *Калифорния*!

PACIFIC OCEAN SUNSET

Goodbye, *Santa Barbara*, farewell,
"Toyota" increases the speed.
Wind blows on the water belle,
Foamy waves dance in glee.
Santa Rosa island vanished in haze,
In glimmered veil, *oh, mamma mia*!
A dazzling picture, I am amaze
And really ready to burst into tears!
Day is over, there is sunset turn,
The sun is sinking, what a nice panorama,
Crimson clouds, a half of sky burns,
Light is fighting, such a tragic drama!
I see the final battle of the last beam,
Black darkness quickly arrives,
Leaden waters are growing dim,
And the bright star slowly climbs…

ТИХООКЕАНСКИЙ ЗАКАТ

Санта Барбара осталась позади,
Мчит «Тойота», набирая мили,
Волны катятся, вскипают на груди
Океана, соревнуясь в силе.
Близится заката томный час,
В алой дымке остров *Санта Роза*,
Красота такая, что сейчас
От восторга я ударюсь в слёзы!
Тонет, угасая, красный шар,
Пляшет красок цветовая гамма,
О, какая яростная драма,
На полнеба полыхнул пожар!
Бьётся с тьмой последний солнца луч,
Но уже свинцом покрылись воды,
Ночь ползёт, под звёздным небосводом
Тают горы средь дремотных туч...

RUSSIAN ARCHIVES AT STANFORD UNIVERSITY

I walk up to the tall tower
Of Russian Archives at Stanford University.
I feel it magnetic power,
I am full of immense curiosity.
I am putting away for good
All the books and poems I wrote,
It is an extraordinary mood
With tears and dry throat.
Who knows, maybe an off spring
Will open my yellowish book?
And find how bewitching is spring,
How talkative is the brook.
There is unfortunately an other way
That nobody in the world
Will care about my wonderful day,
Will never exclaim: behold!

РУССКИЙ АРХИВ СТЭНФОРДСКОГО УНИВЕРСИТЕТА

Подхожу я к башне высокой
И гляжу на неё с волненьем,
Может быть, потомок далёкий
Полистает мои сочиненья.
Здесь на полках они хранятся,
Все под номером, в Русском Архиве,
Может, будет прочесть занятно,
Как там люди в двадцатом жили...
Может, кто пробежит по строчкам
И окинет мир взором счастливым,
Ощутит привкус горькой он почки
И услышит ручей говорливый.
Но скорей, что никто на свете
Быстрым взглядом их не удостоит,
Разбросает времени ветер
Все листы по дорогам истории...

PALM SPRINGS

There is an oasis in the low desert,
The unforgettable city *Palm Springs*,
An endless song about lovely flirt
Of violent winds with *Aeolian* harp's strings.
The invisible hot currents of passionate air
Tears furiously palm trees with a hiss.
You are giddy with happiness and plunged in despair,
You are sinking inside a glowing sky abyss.
Twelve bold eagles slowly glide in a row
Somewhere in a vivid turquoise sky.
In a lilac haze sleeps a pensive plateau
Listening to an eternal desert's sigh.
The sun, winds, mansions, golf courses,
Shops, tourists, restaurants, crush,
Swimming pools, casinos, cantering horses…
That is *Palm Springs*, welcome and flush.
We are sitting in "Banducci", an old Italian restaurant,
You came back to your youth remembering with tears…
Palm Springs, unforgettable, extravagant,
To your health! Be happy! Cheers!

ПАЛМ СПРИНГС

Средь обжигающей пустыни
Лежит *Палм Спрингс*, кусочек рая,
Эола арфою играя,
Резвятся ветры в небе синем,
Рвут листья пальм с остервененьем,
Кружатся вихри в буйном танце,
Душа, покинув заточенье,
Несётся в бездну, вглубь пространства.
Там высоко в бескрайней сини
Орлы парят над нами гордо,
И вздохи слушая пустыни,
В далёкой дымке дремлют горы.
Палм Спрингс, приветливый, крикливый,
Манящая туристов *Мекка*,
Гольф – клубы, шопинг, будь счастливым,
Всё для услады человека!
Сидим мы в итальянском ресторане,
Вино пьём красное средь кактусов и роз,
И за волной волна воспоминаний,
Уже сдержать не можешь больше слёз...

LOS ANGELES, SUNSET BOULEVARD

Los Angeles, Sunset boulevard,
A famous and familiar way.
Who knows what kind of wizard
Presented this magic day?
When you were a youth,
Did you imagine that
It might be the reality, truth –
Pacific ocean sunset!
An affectionate, tender breeze
Dances around in glee
Bringing the sweet kiss
To the swaying palm tree.
The sinking orange ball
Sends his last sunbeam.
Did that happen at all,
Is *Sunset boulevard* only dream?

ЛОС-АНДЖЕЛЕС, БУЛЬВАР ЗАКАТОВ

Лос-Анджелес, Бульвар закатов,
Такой знаменитый бульвар!
Думал ли ты, что когда-то
Увидишь заката пожар?
Что океанский ветер
Пальмами будет играть,
Движется всё на свете,
Не возвращаясь вспять.
Помнишь, ещё мальчишкой
Давний встречал рассвет,
Перелистал всю книжку,
Больше страничек нет.
Медленно солнце тонуло,
Таял оранжевый шар...
Жизнь, может ты обманула,
Был ли *Закатов бульвар*?

LAS VEGAS

I live in a pyramid-hotel "Luxor",
You see such a wonderful picture
From the window!
"One-armed bandits"
Do not sleep, day and night,
"One-armed bandits"
Bang by cents!
Here nobody watch the clock,
Everyone plays here continuously ...
At night, neon sparkles,
Show business is thriving,
Dollars fly!
How nice to be a pharaoh,
To live in the pyramid,
To gain half a million,
And then to gamble away all money!

ЛАС-ВЕГАС

Проживаю в пирамиде
Под названием "Luxor",
Из окна такие виды
И такой простор!
"Однорукие бандиты"
День и ночь не спят,
"Однорукие бандиты"
Центами стучат!
Здесь часов не наблюдают,
Непрерывно здесь играют...
По ночам неон сверкает,
Шоу-бизнес процветает,
Доллары летят!
Хорошо быть фараоном,
В пирамиде жить,
Отыграть пол-миллиона,
А потом спустить!

ENCINO

Amid the dry hills lies sprawled, *Encino*,
It languishes under a blue sky,
Being a shelter for eagles.
Born from my dreams,
Interesting product of the imagination,
It suddenly appeared before my eyes,
I am so amazed, I do not find words!
I see the fluttering palm in the wind,
And hear the whisper of eucalyptus foliage,
Hummingbird flies in the morning among flowers,
I feel all day a strong heat wave,
When you have only one desire:
To swim in the pool with cold water!

ЭНСИНО

Средь кармелитовых холмов
Лежит, раскинувшись, *Энсино*,
Томится он под небом синим,
Край горных скал, приют орлов.
Из розовых рождённый снов,
Занятный плод воображенья,
Освободившись от оков,
Он неожиданно в движенье
Пришёл...Не нахожу я слов!
Трепещет пальма на ветру,
И эвкалипт шумит листвою,
Висят колибри поутру,
Днём замирает всё от зноя.
В такую жуткую жару
Одно желанье понутру –
Бассейн с холодною водою!

GILROY

All die from the heat,
Dreaming about a drop of water...
We stopped in *Gilroy*,
Garlic capital of the region.
Oh, how pleasant
To flex our old bones.
"Please come to visit us!"
Billboard beckoning.
The market is a neat,
Fruit laid out on shelves,
Everything is where it should be,
You can try for free.
"Sir, would you like to try dates,
Or salty pistachios ..? "
Service breathes a perpetual,
It is not the market, but a clinic!
Peaches, pears, papayas,
Melons, figs, avocados -
All this is counted by
Avogadro's number.
Buy, goods packed up,
Look like a picture.
I wish I were to see
Our Moscow market like this one!

ГИЛРОЙ

Все умирают от зноя,
О капле воды мечтая...
Остановились в Гилрое,
Столице чесночного края.
Как всё-таки нам приятно
Размять свои старые кости,
«Пожалуйте к нам в гости!»
Рекламный плакат зазывает.
Рынок стоит аккуратный,
По полочкам фрукты разложены,
Всё лежит там где положено,
Пробовать можешь бесплатно.
«Сэр, не хотите ли финики,
Солёненькие фисташки..?»
Сервисом дышит всегдашним,
Не рынок, а поликлиника!
Персики, груши, папайя,
Дыни, инжир, авокадо –
Всё это здесь считают
Числами *Авогадро*.
Купите, товар упакуют,
Выглядеть будет картинкой,
Ну до чегоже тоскую
Я по московскому рынку!

BARBARA

When Russian editors printed
In the newspaper your smiling face,
Who knew how many needy
Would ask for help, Your Grace.
It is hard to imagine how many souls
Need your generous love,
How noble are your goals
To comfort many people like a dove.
It is not by the way so easily
To find a key for each heart,
People are usually busy,
And no one can be so smart.
You know where the well of health is
With crystal water for friends.
Welcome to our friendship, please,
Nurture us from your trusting hands!

БАРБАРА

Когда появился в газете
Портрет твой с лицом открытым,
Знала ли ты, что на свете
Столько любви ещё скрытой?
Думала ль ты, что людям
Станешь ты всех нужнее,
Знаешь ли ты, что любят
Тебя они всё нежнее?
К сердцу найти свой ключик
Ой как порою непросто,
Быть все стараются лучше
Меж люлькою и погостом.
Только не всем удаётся
И не у всех получается
Пить из того колодца,
Где только друзья встречаются!

ABOUT THE AUTHOR

Dr. Adolf P. Shvedchikov, PhD, LittD (RUSSIA)
Email: adolfps@gmail.com

Russian scientist, poet and translator

Born May 11, 1937, Shakhty, Russia. Graduate 1960, Moscow State University.

Senior scientist at the Institute of Chemical Physics, Russian Academy of Sciences, Moscow.

Chief of Chemistry Deparment, Pulsatron Technology Corporation, Los Angeles, California, U.S.A.

He published more than 150 scientific papers and about 500 poems in different International Magazines of Poetry in Russia,U.S.A., Brazil, India, China, Korea, Japan, Italy, Malta, Spain, France, Greece, England and Australia.

He published also 13 books of poetry. His poems have been translated into Italian, Spanish, Portuguese, Greek, Chinese, Japanese, and Hindi languages.

He is a member of the International Society of Poets, World Congress of Poets, International Association of Writers and Artists, A. L. I. A. S. (Associazione Letteraria Italo-Australiana Scrittori, Melbourne, Australia).

Adolf P. Shvedchikov is known also for his translations of English poetry
- "150 English Sonnets of XVI-XIX Centuries", Moscow, 1992.
- "William Shakespeare. Sonnets." Moscow, 1996

as well as translations of many modern poets from, Brazil, India, Italy, Greece, U.S.A., England, China and Japan.

ОБ АВТОРЕ

Адольф Павлович Шведчиков
Российский учёный, поэт и переводчик

Родился 11 мая 1937 года в г. Шахты, Россия. В 1960 году окончил Московский государственный университет. Старший научный сотрудник Института химической физики Российской Академии наук, Москва.

Главный химик фирмы Pulsatron Technology Corporation, Los Angeles, California, U.S.A.

Им опубликовано свыше 150 научных статей и около 500 стихов в различных поэтических журналах России, США, Бразилии, Индии, Китая, Кореи, Японии, Мальты, Италии, Испании, Франции, Греции, Румынии, Албании, Англии и Австралии.

Он автор 13 книг. Его стихи переведены на многие языки мира: английский, немецкий, французский, испанский, португальский, итальянский, греческий, румынский, албанский, японский, китайский и хинди.

Он является членом Международного Общества поэтов, Всемирного Конгресса поэтов, Международной Ассоциации писателей и художников, Литературной Итало-Австралийской Ассоциации (Мельбурн, Австралия).

Адольф Шведчиков известен также переводами английской поэзии:
- "150 английских сонетов XVI-IX веков", Москва, 1992.
- "Уильям Шекспир. Сонеты", Москва, 1996,

а также переводами многих современных поэтов Англии, Бразилии, Индии, Италии, Греции, США, Китая и Японии.

Books of Dr. Adolf P. Shvedchikov, PhD

1."I am an eternal child of spring" (English / Italian / French/ German / Spanish / Russian), 270 pages, ISBN: 978-1475085358, 2012, U.S.A.

2. "Life's Enigma" (English / Italian / Russian), 304 pages. ISBN: 978-1477417355, 2012, U.S.A.

3. "Everyone wants to be happy" (English / Spanish / Russian), 185 pages. ISBN: 978-1477559079, 2012, U.S.A.

4. "My Life, My love" (English, Italian, Russian), 197 pages. ISBN: 978-1478166566, 2012, U.S.A.

5. "I am the gardener of love" (English/Russian), 229 pages. ISBN: 978-1481057370, 2012, U.S.A.

6. "Slalom of Life" (English/ Russian),72 pages. ISBN: 978-0935047743, 2012, U.S.A.

7. "Illusory silence" (Romanian, English/ Russian), 75 pages. ISBN: 978-1599732664, 2012, U.S.A.

8. "Breath of eternity" (English/ Russian), 75 pages. ISBN: 978-1599732619, 2012, U.S.A.

9. "Amaretta di Saronno" (English/Russian), 250 pages. ISBN: 978-1481291514, 2012, U.S.A.

10. "Angel Celestial, Angel Terrestrial" (Russian), 50 pages. ISBN: 978- 1599731506, 2011, U.S.A.

11. "The Rainbow" (English/Greek/ Russian), 324 pages. ISBN: 978-9963668311, 2011, Cyprus.

12. "Love for all ages" (English/Chinese), 185 pages. ISBN: 978-9862218174, 2011, Taiwan.

13."One Hundred and One Poems" (Chinese), 139 pages. ISBN: 978-986-221-331-5, 2010,Taiwan.

TABLE OF CONTENTS

www.ingramcontent.com/pod-product-compliance
Lightning Source LLC
Chambersburg PA
CBHW061757110426
42742CB00012BB/1919